OPEN GATE

An Anthology of
Haitian Creole Poetry

———————————■———————————

Edited by Paul Laraque and Jack Hirschman

Translated by Jack Hirschman and Boadiba

CURBSTONE PRESS

Printed in Canada on acid-free paper by Transcon Printing / Best Book
    Manufacturing
Cover painting: "Guitar with Drum" by Jonas Exume, reprinted with
    permission from the owner.

This book was published with the support of the
Connecticut Commission on the Arts and the National
Endowment for the Arts, and donations from many
individuals. We are very grateful for this support.

Many thanks to Jane Blanshard and Dan Kos for their help
in proofing and preparing this book.

Library of Congress Cataloging-in-Publication Data

    Open gate : a bilingual anthology of Haitian Creole poetry / edited by
Paul Laraque and Jack Hirschman ; translated by Jack Hirschman and
Boadiba.-- 1st ed.
    p. cm.
    ISBN 1-880684-75-6
    1. Creole poetry, French--Haiti. 2. Creole poetry,
French–Haiti–Translations into English. I. Laraque, Paul, 1920- . II.
Hirschman, Jack, 1933- . III. Boadiba.
    PM7854.H37 O66 2001
    841'.91408097294--dc21   2001003250

published by
CURBSTONE PRESS   321 Jackson Street   Willimantic, CT 06226
        phone: (860) 423-5110   e-mail: books@curbstone.org
                http://www.curbstone.org/

The Editors are grateful to Professor Max Manigat, historian and specialist of Creole, for his collaboration. They also acknowledge the help of Jòj Kastra (Georges Castera), in Haiti, and of the members of "Sosyete Koukouy", especially Kaptenn Koukouwouj (Michel-Ange Hyppolite) in Canada, Jan Mapou and Jozafa Laj (Josaphat Large) in the United States.

Editè seksyon Kreyòl / Creole section edited by:
Jan Mapou

Some of the translations in this anthology have appeared in *The Anderson Valley Advertiser, Ashville Review, Boumba, Bull Head, Chiron Review, Collision, Compages, Compost, Gas, The Hammer, House Organ, Left Curve, Long Shot, The New Abolitionist, New Poets Generation, Peoples Tribune, Poetry USA, Split Shift, Tanbou,* and *Two Lines.*

P.L./J.H.

CONTENTS

SOSYETE KOUKOUY / THE SOCIETY OF FIREFLIES

INTRODUCTION

Open Gate is, to my knowledge, the first bilingual anthology of Haitian Creole poetry translated into English. The idea came up in 1993. The president of Haiti, Jean-Bertrand Aristide, overthrown by a military coup d'état supported by the CIA, was then in exile in the United States. Alexander Taylor and Judy Doyle, Co-Directors of Curbstone Press, which had published my selection of poems (Camourade, 1988), wanted to know what they could do, in their field, to help the Haitian people. I first thought of an anthology of Haitian poems written in French and in Creole and translated into American-English. I consulted with my friend Jack Hirschman, one of the greatest living American poets, founder of the "Jacques Roumain Cultural Brigade" in San Francisco, and a translator of poetry from many languages including French and Creole. He advised me to concentrate on Haitian Creole poetry. He was assured of the cooperation of Boadiba, a brilliant Haitian poet fluent in American English, for the translations. I made sure to have the collaboration of Max Maniga (Max Manigat), one of the first teachers of Creole at the university level, thanks to my brother Frank Larak (Franck Laraque), professor emeritus at the City College of New York.

We established some criteria for the selection of the poets: we would limit ourselves to contemporary poetry, start with poets already translated—like Moriso-Lewa (Morisseau-Leroy), Jòj Kastra (Georges Castera), Kaptenn Koukouwouj (Michel-Ange Hyppolite), and myself—and put the emphasis on militant poetry because of our background and our publisher's progressive readership, while giving an objective image of Haitian Creole poetry capable of expressing the deepest human feelings and the most revolutionary ideas.

Creole is, with voodoo, one of the most important elements of Haitian culture. It is a mixture of French, spoken by the white masters, and of the Black slaves' African languages and dialects, during colonial time. It can be either a revolutionary tool in the interests of the masses, or a reactionary one if manipulated by the cruel exploiting classes. It is a beautiful language with the rhythm of the drum and the images of a dream, especially in its poetry, and a powerful weapon in the struggle of our people for national and social liberation.

This anthology begins with Moriso-Lewa (Morisseau Leroy), the founder of modern Creole literature, author of Diacoute (1953), which would become Dyakout (1, 2, 3, 4); and Antigòn an Kreyòl (Antigone in Creole). The latter, a play, was performed in Port-au-Prince in 1954 and in Paris in 1959 and was followed by other plays, since the theater is the most direct and most sensitive means of communication between progressive authors and the masses.

Basically, Moriso-Lewa opened the gate of Haitian Creole poetry. Besides him, the first group of pioneers (1950/1960) includes Emil Roumè (Emile Roumer) whose poems have not been translated into English, Frank Fouche (Frank Fouché), Klod Inosan (Claude Innocent), and others; while Rassoul Labuchin and Jòj Kastra (Georges Castera) belong to the second group (1960/1970); and Woudòf Milè (Rudolph Muller), Pyè-Richa Nasis (Pierre-Richard Narcisse), Koralen (Jean-Claude Martineau) and Lyonèl Twouyo (Lyonel Trouillot) to the third (1970-1980)—this according to Maximilien Laroche, a Haitian literary critic and professor of literatures at Laval University (Quebec), in the Anthologie de la nouvelle poésie créole (Caraibe, Océan Indien), Editions Caraibéennes (1984).

The opening section of *Open Gate*—"The Pioneers"—will reflect the decades noted above. Among the Pioneers included in this anthology, Frank Fouche died in exile in Canada and Moriso-Lewa in Miami; two are still in the United States—Koralen in Massachusetts, and I in New York—while the others are living in Haiti*. So is the poet and painter Frank Etyèn, who wrote the first Haitian novel in Creole as well as many plays in which his imagination matches the horrors of Haitian reality.

I went back on a visit to my native land for the first time in 1986, after the fall of the Duvalier dynasty. When my wife retired in 1989 in New York, we returned to Haiti in the hope that we would stay for the rest of our lives; but while visiting our children and grandchildren here in New York in September 1991, the military coup happened. Less than three months later, on December 7, my younger brother, Guy F. Laraque, was murdered in Delmas, a suburb of Port-au-Prince.

The second section of *Open Gate* is called "The Society of Fireflies" after the name of the only Haitian literary movement still in existence, the Sosyete Koukouy, founded in 1965 by Pyè Banbou (Dr. Ernst Mirville). In Haiti, Togiram (Emile Célestin-Mégie), Jan Mapou (Jean-Marie Willer Denis) and others joined the Society. Some of its members were jailed and exiled by the bloody Duvalier dictatorship.

Under the leadership of Jan Mapou—first in New York and then in Miami—and of Kaptenn Koukouwouj (Michel-Ange Hyppolite) in Ottawa, its branches have been very culturally active in the United States, Canada, and Haiti. Its New York branch has been re-activated by the

---

* Morisseau-Leroy (Moriso-Lewa) died in 1998. Koralen now lives in Haiti.

biographer-poet of this anthology, Max Manigat. Many of its poets are featured in the second section, including two of its members who have gone back to Haiti: Deita (Mercedès F. Guignard), one of the first Haitian women to have written and published poems in Creole; and Manno Ejèn, co-founder of the Haitian newspaper Libète published in Port-au-Prince.

The third section of the anthology focuses on "The New Generation" of Haitian poets, featuring mainly those in the Diaspora and, for the most part, work that's been written within the past 15 years. Some of the work has been selected from the two-issue 1992 publication of the magazine Conjonction, "Lamadèl—100 poèm kreyòl"; other poems came directly from poets throughout the Haitian Diaspora, from Haitian communities in "Nuestra America"—including revolutionary Cuba—where militant poems are being written in Creole, as well as in French, English and Spanish, presenting the wide spectrum of Haitian poetry to the world.

The small number of female poets is typical of a society dominated by the male and where women, in spite of their importance in both the economic and family life of the country, suffer a triple exploitation based on sex, class and color. Woman's liberation cannot be dissociated from the total liberation of mankind. In the meantime, symbolized by Deita in Haiti, Jaklin Skot (Jacqueline Scott) in Africa, and Siz Bawon (Suze Baron) and Boadiba in the US, the struggle for sexual equality goes on, not only in the so-called Third World but also in the most industrialized capitalist countries submerged by a new wave of conservatism and neo-fascism since the disappearance of the Soviet Union as a superpower and the emergence of a new imperialist world order in which an apocalyptic Bosnia has replaced a socialist Yugoslavia.

But, "No despair!" proclaims our co-editor, Jack Hirschman. Looking at our "actual future," he predicts that "the robots are going to destroy the corporation world" and that the people—"every man, woman and child" will have a stake in the "public ownership of all robots." Poetry is in the eye of the storm.

As stated by Amilcar Cabral, hero and martyr of the struggle for the liberation of Africa, "only societies which preserve their culture can mobilize and organize the masses against foreign domination." In the case of Haiti, victim of a second American Military Occupation and of a multinational trusteeship to reinforce its political, economic and cultural dependence, Cabral's statement could be reversed: "Only societies which mobilize and organize the masses against foreign domination can preserve their culture,"—as proven by Cuba.

Revolutionary both in content and in form, as an explosive mixture of love and liberty, poetry will contribute not only to transforming the world, but also to changing life.

Pòl Larak (Paul Laraque)
New York

A NOTE ON THE TRANSLATIONS

What Boadiba and I have most of all tried to achieve is accuracy in image and feeling with respect to the Creole originals. In many instances I would make the first-draft translation and then go over each line with her to attain nuantic precision. In many other instances, the reverse process would occur: she would write out the translations and we would go over each line—though since it is she who naturally and impeccably is at home with the Creole language, my role in that respect was for the most part to clarify some points of idiom, or to suggest a more precise word or phrase. It should be noted that, though she is Haitian, she is very well-versed in American-English as well, including slang and other aspects of language, just as I am; so that while these translations are, hopefully, of both lyricism and progressive militancy, and true to their authors, they are true also to the fact that their creators are poets of this epoch, writing in a language whose written tradition as a literature is relatively young. It is the combination of the youthfulness of Haitian Creole (actually one of the most magically inventive languages—in the sense of creating new words—in the Americas, if not the world) and the strong contemporary dimension of North American poetic translation that, again hopefully, will fulfill our collective task: to realize the poetry of the Haitian people both within Haiti itself and in the cities of its diaspora as a poetry not simply of high literary rank but expressive of the deepest revolutionary yearnings of the people who are in fact the most impoverished people on the American continents and therefore the most victimized by the exploitations of ruling class capitalists spawned both in France and the United States.

To have translated, in the sense of composing the poems on the pages for this anthology—realizing that it has not included all of Haiti's wonderful voices, but wanting to present many by way of saying: this is a real poetic force in the Americas, a language of African semantics, French word-base and an international revolutionary spectrum of feelings resonant to its own revolutionary tradition of the past as well as to the birth of rainbows and horizons in the future—to have helped in realizing these poems has been one of the high points of my translating life, as well as of my life as a poet in the American-English language.

In some instances Boadiba and I felt that translations made by the poets themselves (as many of them know American English) certainly should take precedence over our attempts. Such were the cases with the poems of Patrik Silven (Patrick Sylvain) and Siz Bawon (Suze Baron), for examples. All the poets were asked to recheck our translations, and some made important suggestions, for which we are most grateful.

On one occasion in the process of constructing the anthology, I had the opportunity to go over some texts with Gari Danyèl (Gary Daniel) and Jozafa Laj (Josaphat Large) in the New York apartment of my co-editor, Pòl Larak (Paul Laraque)—it was Paul who "fed" me and Boadiba the works of many of the poets contained in *Open Gate*. I also had a chance to work with Maks Maniga (Max Manigat) and Denize Lotu (Denizé Lauture) on their respective poems. To all of the above—mesi.

It should be noted that, as in this Note, the names of the poets will appear in the Table of Contents in the Haitian Creole language first, followed in parenthesis by the gallicized or anglicized name of the poet, or his or her pseudonym. This in fact will be the pattern of the anthology itself: above the first of each poet's original Creole text his or her name will appear in Creole form. Opposite that text, above the translation, the gallicized or anglicized form of the name will appear. In the biographical notes at the end of the poems, the gallicized or anglicized form of the poet's name will appear first, followed by the Creole form.

Jack Hirschman
San Francisco

To the memory of Moriso-Lewa (Morisseau-Leroy), the pioneer of Haitian Creole Literature.

MORISO-LEWA

M'pa t'janm konnen ou te gangan
Men ou fè mèvèy moun ret baba
Lan men-w pòt-plim tounen ason
Pou fè tout mo kreyòl dyayi

Di-m non mèt-bann pou m'sa konnen
Apa ou gen rara nan lari
Tanbou-w bay tout mo kreyòl jarèt
Pou yo danse jouk mayi mi

M'wete chapo douvan-w chèf kanbiz
Sa ou bay mo kreyòl yo manje konsa
Pou yo klere kou mabouya vant swa
Anba solèy midi lakay

Gangan, mèt-bann, chèf kanbiz
Voye ason, woule tanbou, separe manje
Tout mo kreyòl tonbe nan won
Ap fout bay lamizè payèt

                        — Maks Maniga

MORISSEAU-LEROY

I never knew you were a magician
But you do wonders that leave me speechless
In your hand a pen becomes a ritual rattle
Making all creole words convulse

Tell me maestro so that I know:
Look, you have rara in the street
Your drums give muscle to all creole words
So that they dance till the corn ripens

I doff my hat to you, quartermaster
What do you feed creole words
To make them glow like the lizard's silken belly
Under the noonday sun of home

Magician, maestro, quartermaster
Shake the ason, roll the drum, dish out the food
All creole words are falling into the dance
To damnwell strut our stuff in the face of misery

— Max Manigat

This is the open gate of poetry
for us to enter
together
the promised land of liberty

—Pòl Larak

 OPEN GATE

PYONYE

THE PIONEERS

CHOUCHOUN

Kou m'gan kochma
Se tonton makout m'plede reve

Lòt jou m'reve

Y-ap fè-m pote sèkèy mwen sou do-m
Tout moun ap ri-m nan tout lari Pòtoprens

Gan 2 ou 3 ti nèg ki pa ri

Lòt jou m'reve

Y-ap fè-m fouye twou-m nan simityè
Tout moun ap ri-m nan televizyon

Gan 2 ou 3 ti fi ki pa ri

Lòt jou m'reve

Ploton makout ap pare pou fiziye-m
Tout moun ap griyen dan yo

Gan yon vye madanm ki p'ap ri

Ti nèg ak ti nègès sa-a yo
Si m'pale pase sa dyab a pran vwa-m
Vye granmoun lan
Se Chouchoun Fandal
Yo te mennen vin wè makout fiziye
5 pitit gason-l nan lari Gran Gozye.

SHOOSHOON

Whenever I have nightmares
It's the tonton macoutes I'm dreaming about

The other night I dreamed

They made me carry my coffin on my back
Everyone on all the Port-au-Prince streets was laughing at me

There were 2 or 3 boys not laughing

The other night I dreamed

They made me dig my grave in the cemetery
Everyone on television was laughing at me

There were 2 or 3 girls not laughing

The other night I dreamed

A macoute squad was getting ready to shoot me
Everyone was laughing

There was an old woman who wasn't laughing

Those little boys and girls there—
If I say more the devil will steal my voice
The old woman
Is Shooshoon Fandal
They brought her to see the macoutes shoot
Her 5 sons on a street in Grand Gosier.

ZONBI

Depi m'piti
m'ap tande
yo di gen zonbi
m'pa janm wè youn

pita y-esplike-m
zonbi se moun y-antere
san l'pa mouri
yo detere-l pou fè-l travay

m'reflechi
si l'pa t'mouri
fòk yon jou li mouri

m'pa janm tande
y-ap antere
yon zonbi ki mouri

se jodi m'ap mache
nwit kou jou
nan tout peyi-a
m'pa janm kontre
ak yon zonbi bab pou bab

m'pa janm tande
sa yo fè ak kadav
zonbi ki mouri

ZOMBIES

Ever since I was small
I've heard
Them say there are zombies
I never saw one

Later they explained to me
A zombie's a person they bury
Without his being dead
They dig him up and put him to work

I thought about that
And that if he wasn't dead
He sure would be one day

I never heard
That they buried
A zombie who was dead

For a long time
I've walked day and night
All over the land
I never met
A zombie face to face

I never heard
What they do with the corpse
Of a dead zombie.

ABA TOUT KANDIDA

M'di aba tout kandida
Aba tout kandida alaprezidans
M'rele aba aba eleksyon
Ekri sou tout mi lavil la
Aba eleksyon fout
Ekri ak lakrè sou tout mi gri
Ekri ak chabon sou tout mi blanch
Aba tout kandida
Aba tout eleksyon
Pou nonmen depite
Ekri sou lanmè-a ekri sou mòn lan
Aba tout kandida alaprezidans
Yo tout vle vann peyi-a
Ak meriken pou plen pòch yo.

DOWN WITH ALL CANDIDATES

I say Down with all candidates
With all the candidates for president
I shout Down with Down with elections
Write all over my town
Down with the god-damned elections
Write with chalk all over the grey walls
And with charcoal all over the white walls
Down with all candidates
Down with all elections
To name congressmen
Write on the sea write on the mountainsides
Down with all candidates for president
They want to sell out Haiti
To the Americans to plump up their pockets.

GAN DEFWA M'PA MWENMENM

Gan defwa m'pa mwenmenm
Gan yon lwa bosal k'ap danse nan tèt mwen
Yon lwa chagren k'ap frape-m atè
Lè konsa m'pa mwenmenm
Gan yon manman tanbou k'ap bat nan kè-m
Yon michan vodou k'ap danse nan kò-m
Lè konsa m'pa ka di "darling"
M'a rele-w zanmi-kanmarad
Si ou pare kenbe men-m
Gan yon lwa revolisyon k'ap bouyi nan san mwen
Chwal mwen sele
M'prale
Yon lanbi revolisyon ap rele-m
Si ou gan kouray kenbe men-m
Chwal mwen sele
An n'ale.

SOMETIMES I'M NOT MYSELF

Sometimes I'm not myself
There's a wild loa dancing in my head
A sorrowful loa which stamps on the ground
When it's like that I'm not myself
There's a huge drum beating in my heart
A brave voodoo dance in my body
When it's like that I can't say "darling"
It's comrade-friend I call you
If you take hold of my hand
There's a loa of revolution boiling in my blood
My horse is saddled
I'm set to go
A lambi* of revolution is sounding
If you've the courage take my hand
My horse is saddled
Let's go.

*lambi: a conch used as trumpet

TESTAMAN

Lè m'mouri, fè bèl vèy pou mwen
M'pa pral ni nan paradi ni nan lanfè
Pînga pè pale laten nan tèt mwen.

Lè m'mouri, antere mwen nan lakou-a
Rasanble tout zanmi-m fè bèl fèt
Pînga pase legliz ak kadav mwen

Lè m'mouri, se pou tout moun byen ge
Ri, chante, danse, bay blag
Pînga kriye, rele nan zòrèy mwen

Lè m'mouri, m'pa p'fin ale nèt
Tout kote k'ganyen bèl banbòch
Kote nèg lib, fò yo nonmen non mwen

TESTAMENT

When I die, make me a beautiful wake
I'm going neither to paradise nor to hell
Don't let a priest speak latin to my head

When I die, bury me in the yard
Gather all my friends, make a big feast
Don't go past the church with my corpse

When I die, everyone should really get happy
Laugh, sing, dance, tell jokes
Don't bawl, yell into my ear

I won't be completely done when I'm dead
All the places where there were great bashes,
Where people are free—they'll remember me

SA YO TE KWÈ YO FÈ?

Sa yo te kwè yo fè lè yo touye Chalmay Peralt ak Benwa Batravil?
de gwo pye gayak sa yo ki di pase fè,
Èske yo te janm touye Makandal, Desalin ak Jan Jak Akawo?
Kijan ou vle yo disparèt nèg san repwòch konsa,
Gwo towo meriken fonse kon bèt sovaj nan savann peyi-a
pou devore tout patiray ak kretyen vivan?

Lè blan meriken pran kadav de nèg sa yo bay chen manje
Mao te gentan fè dap-piyan sou pye ak janm yo lontan
pou l'sa mache douz mil kilomèt lame wouj
Fidèl mete san yo nan kalbas pou l'ekri Syera Mayestra

Sa yo te kwè yo fè lè yo touye Patris Loumoumba?
Patris Loumoumba tounen mouchavè toupatou
li bò Somali li janbe Angola travèse Rodezi
li gen de pye-l ap kouri nan kat chimen...

Sa yo te kwè yo fè lè yo touye Jak Aleksi
eske yo janm touye konpè jeneral solèy?
.....

Sa yo te kwè yo fè lè yo touye Jeral Brison?
.....

Lè yon lide rantre nan mas pèp-la nan nannan lavi-a
li tounen san tounen fòs tounen lavi menm
.....

Sa yo te kwè yo fè lè yo touye Ché Gevara?
.....

WHAT DID THEY THINK THEY DID?

What did they think they did when they killed Charlemagne Peralte and
Benoit Batraville
those two tall *gayak* trees tougher than iron?
did they ever really kill Makandal, Dessalines and Jean-Jacques Acaau?
how could they have disappeared those nonpareils,
the big American bulls charging across the savannahs of the land
to devour all pastures and human beings?

While American marines were feeding the corpses of those two heroes
to dogs
Mao had already made off with their legs a long time ago
so he could walk 12,000 kilometers with the Red Army;
Fidel put their blood into a calabash to write the story of the Sierra
Maestra

What did they think they accomplished by killing Patrice Lumumba?
Patrice Lumumba became green-backed flies everywhere,
he's around Somalia he's crossing Angola traversing Rhodesia,
he's got two feet but he's running in four directions...

What did they think they accomplished by killing Jacques Alexis?
could they ever really murder the Comrade General Sun?
.....

What did they think they accomplished when they killed Gerald
Brisson?
.....

When an idea re-enters the mass of people in the essence of their life
it becomes blood becomes strength becomes life itself
.....

What did they think they accomplished by killing Ché Guevara?
.....

li tounen zéklè tounen solèy se pa gade-l anfas
w-ap bouska-l bò isit li gen tan jouk lòt bò Venezwela
yon pye li sou Irigwe lòt la sou Kolonbi
li tounen lakansyèl nan lagon diri Vyetnam

he became lightning became blinding sunlight
you can look for him over there, he's already on the other side of
Venezuela
one of his feet is in Uruguay, another in Colombia,
he's become a rainbow in the rice paddies of Vietnam

LAVI VYE NÈG

Lavi vye nèg
pa mache sou krepsòl
si latè-è-wonn
se pa yon afè
Lachans pa fè boul
lan pòch malere
se bagay koni
Tout òm gen de pye
tout òm gen bouch fann.

Nan mache chèche lavi
pye malere degriji
Nan mache vale pousyè
krache vye nèg fin cheche
Yo pa sa souse piwouli
krache vye nèg fin cheche.

Je pa fèmen
Nèg ap bese leve
Se pou nou pa wè
jan lavi souri
ou mèt di-m sa ou vle
sa pa rele viv
dapre lagramè.

Mason fè kay
li dòmi anba pon
boulanje fè pen
pitit li grangou.
Byen travay, byen swe
pa di byen touche
sou latè beni
sou latè beni.

THE POOR MAN'S LIFE

The poor man's life
doesn't walk on crêpe soles
if the earth is round
it's no big deal
Money doesn't make a bulge
in the poor man's pocket
it's a known fact
every man has 2 feet
every man's mouth has a slit.

Walking around looking for life
the poor man's feet lose their creases
Walking around swallowing dust
the poor man's spit is drying up
He can't suck on a lollipop,
the poor man's spit is all dried up.

His eyes don't close
He moves like clockwork
If we can't see
how life smiles,
you can say what you want
but in any language
this ain't called living.

Masons make houses,
they sleep under bridges,
bakers make bread while
their kids go hungry.

Good work, good sweat
doesn't mean good pay
on this blessed earth,
on this blessed earth.

Anwo bouche anba
sa k'anba anba nèt
Se konsa sa toujou ye
se konsa sa pa do ye.

Anwo bouche anba
nou pran gòl ak men
nou pran gòl ak pye
Chak koken yo fè
se dèt pou demen.

The top stops up the bottom,
those on the bottom are there to stay.
It's always been that way
it shouldn't be that way.

The top stops up the bottom,
you score against us with your hands
you score against us with your feet.
Each time they cheat
it's our debt for tomorrow.

LAKANSYÈL

S'on riban k'mare lan cheve lapli
S'on senti tout koulè lan ren yon ti cheri
S'on kolye maldyòk pou chase movezè
S'on laso k'pase lan kou solèy
pou fè l'tounen vin klere latè

Lakansyèl plonje dèyè mòn
yo di l'al bwè dlo
jouk lan tèt dlo
Ogoun gronde tankou banbou
Lasirenn al fè lanmou

De ti pwason monte anlè
pou gade larenn Simbi ap taye banda
chapo-m tonbe lan lanmè
lè yon ti briz va vante
tout vwal batiman va gonfle

Lakansyèl s'on baboukèt lan dyòl loraj
Se lapè k'ap pouse do lagè
S'on kout kleren apre gagè
pou tout nèg bat tanbou
chante lwa ak danse vodou
S'on sèpèt pou sakle malè
S'on gwo konbit pou rache mizè
pou fè dlo kouri lan tout jaden
pou wou lan solèy jete zèklè
yon konbit jouk lan Ginen
jouk lòt bò lanmè
yon konbit tout kanmarad tout koulè
pou transfòme latè
pou tout mechan vin dou
pou chanje lavi nou

RAINBOW

It's a ribbon tied to the rain's hair
It's a multicolored belt round the waist of a little darling
It's a talisman to chase the evil eye away
It's a lasso round the sun's neck
to make him come back and light up the earth

Rainbow plunges behind mountains
they say it goes to drink
all the way down to the head of the water
Ogoun* grumbles like bamboo
the siren went off to make love

Two little fish climb up
to watch Queen Simbi dance the *banda***
my hat fell into the sea
when a little breeze blows
all the boats' sails will swell

Rainbow is a bridle in the thunder's mouth
It's the fright pushing back wars
It's a shot of white rum after the cockfight
so we can all beat the drums
sing the loas and dance voodoo
It's a sickle to weed out misery
It's a big collective to tear out poverty
to make water run in every garden
so hoes under the sun can throw off lightning
a collective reaching all the way to Guinea
all the way to the other side of the sea
a collective of comrades of every color
to transform the earth
to tame the mean ones
to change our life

*Ogoun is the god of war and fire in Haitian Voodoo mythology.
**Banda is a very erotic dance, the specialty of the *lwa Gede*.

DO-M LAJ

Tout jan kat la bat
m'bourik ak kat las

kafe se mwen
nèf pat se mwen
pit se mwen
koton se mwen
chouga se mwen
kabrit la mal kòche

yon bon jou m'a kanpe
m'a di non
m'a kanpe lavil
m'a kanpe lan bouk
m'a kanpe laplenn
m'a kanpe lan mòn

Jou sa-a n'a konprann g'on tan k'fini
e g'on lòt tan k'kòmanse

MY BROAD BACK

Any way you shuffle the cards
I'm an ass with four aces

the coffee's me
the new banana's me
the sisal's me
the cotton's me
the sugar's still me
but you play with a stacked deck

one day I'll stand up
I'll say no
I'll stand up downtown
I'll stand up in the village
in the field
on the hill

that day we'll know that this time is gone
and another is going to begin

LEGZIL SE PEN RASI

legzil se pen rasi
se yon zoranj si
yon plant rabougri
yon figye modi

legzil se kafe anmè
yon lèt ki tounen
yon zaboka pouri
yon mango plen vè

legzil se lave men siye atè
twoke fatra pou pousyè
twoke lapli pou lanèj
twoke pèlen pou pyèj

legzil se malfini
yon baka lan chemen jennen
yon lougawou gwo lajounen
legzil se reken lan lanmè

legzil se prizon
Malis kab refijye politik
men Bouki se refijye ekonomik
legzil se kan konsantrasyon

legzil san ou ta lanfè
ou rache-m lan bouch dezespwa
lan fredi ou pote chalè
ou se limyè lan fènwa

EXILE IS STALE BREAD

exile is stale bread
a sour orange
it's a withered plant
a cursed fig tree

exile is bitter coffee
curdled milk
a rotten avocado
a mango full of worms

exile is washing your hands
and wiping them on the ground
trading garbage for dust
trading rain for snow
trading a snare for a trap

exile's a vulture
a little demon on a treacherous road
a werewolf in broad daylight
exile's a shark in the sea

exile is prison
Malis* gets political asylum
but Bouki's an economic refugee
exile's a concentration camp

exile without you would be hell
you pulled me from the mouth of despair
in the cold you bring fire
you're the light in the darkness

---

*In Haitian oral literature, Bouki represents the masses, and
Malis, the elite.

MADIGRA

yo met yon mas sou figi Ayiti
mas la pran ri
li ri tout wa ak renn kanaval
e tout lòt madriga mal maske
k'ap chante ponpe danse
an Ayiti tankou aletranje
olye nèg ap prepare revolisyon
yo tonbe lan pyèj eleksyon
mas-la ri jouk kò-l fè l'mal

yo met yon mas sou figi Ayiti
mas la pran kriye
dlo ki soti lan je-l wouj tankou san
san ki te kouri lan je Jak Aleksi
san tout moun makout touye
san prizonye lame ap tòtire
san peyizan grangou ap fin manje
san malere boujwa ap esplwate
san ti Jozèf gwo zouzounn ap souse

yo achte-n an kreyòl
yo vann nou an franse
yo achte-n pou senk kòb
yo vann nou pou dola
men pa pè ti frè pa pè
tout madigra gen pou vole gagè
tankou Kiba Vyetnam Angola
Ayiti va pran chemen geriya
Ayiti va pran chemen libète

MARDI GRAS

they put a mask on Haiti's face
the mask starts laughing
it laughs at all the carnival kings and queens
and at all the other badly adjusted masks
that are singing jumping dancing
in Haiti as well as in exile
instead of preparing the revolution
they fell into the trap of elections
the mask laughs until its body aches

they put a mask on Haiti's face
the mask starts crying
tears falling from its eyes are red as blood
the blood that ran from the eyes of Jacques Alexis
the blood of all the people the macoutes killed
the blood of all the prisoners the army tortured
the blood of the peasants hunger is devouring
the blood of the poor that the rich are exploiting
the blood of the little guys the bigshots are sucking

they buy us in Creole
they sell us in French
they buy us for pennies
they sell us for dollars
but don't worry young brother don't worry
all the clowns are gonna have to beat it
Like Cuba Vietnam Angola
Haiti's taking the path of the guerrilla
Haiti's taking the road to liberty

TONTON MAKOUT VÒLÈ RÈV

Granmè mwen bò manman-m te gen yon vye pandil ki pa t'janmen sispann sonnen, depi sizè dimaten, rive sizè dimaten.

—Tik tak, tik tak, toutlasentjounen.
Lè m'te tou piti, leswa anvan m'dòmi mwen te toujou koze ak vye pandil sila-a. Sa te fè-m fè bèl rèv. Rèv Endyen Sibone, bèl rèv Sòlda Mawon, Desalin ak Petyon...

An mil nèf san swasant, epòk grèv etidyan, mwen te kache lan bwa, akòz tonton makout ki te vle arete-m. Yo te pase lakay.
E kòm yo pa t'jwenn mwen, yo te pran pandil la.

—Tik tak, tik tak, toutlasentjounen pandil la te toujou kontinye ap sonnen. Jous jounen jodi-a, depi sizè dimaten rive sizè dimaten. Nan kè-m.

TONTON MACOUTES STEAL DREAMS

My grandma on my mother's side had a little clock which never
stopped ticking, from six in the morning to six in the morning.

—Ticktock, ticktock, all day long.
When I was very small, before sleep at night I would always talk
with that old clock. It made me have good dreams. Dreams of Ciboney
Indians,
beautiful dreams of Runaway Soldiers, of Dessalines and Petion.

In 1960, the time of the student strikes, I was hiding in
the woods because the tonton macoutes wanted to arrest me. They
passed by
my house. And as they didn't find me, they took the clock.

—Ticktock, ticktock, all day long the clock always
continued ticking. Right up to today, from six in the morning
to six in the morning. In my heart.

M'GEN YON KANMARAD

Pou tout militan ki te bay vi yo
pou kraze lamize lan peyi-nou

M'gen yon kanmarad k'ap dòmi
twa pye twa pous anba tè.

Li pa frèt lan tèt,
Li pa frèt lan pye.
Se zèb k'ap pote-l anlè,
Men kò-l anba tè.

Kò moun, se yon fòs
Ki ka reve,
Se yon fòs ki ka dezepere.

Lan peyi d'Ayiti,
Timoun ap fè move rèv,
Yo wè bagay dwòl lan dòmi:
Yo wè koulèv k'ap mache
Ak gode dlo lan kou.

Men lan peyi d'Ayiti
Gen fòs ki leve kanpe.
Yo kanpe tankou zèb
Ki pa janm sispann pouse

I HAVE A COMRADE

For all militants who've given their lives
to crush poverty in our country

I have a comrade who's sleeping
three feet three inches underground.

He isn't cold in the head,
Nor are his cold feet either.
Grass is carrying him away
But his body is buried.

My body is a force
but one that can dream.
It's a force
but one that also gets desperate.

In the land of Haiti
kids are dreaming
but they only dream nightmares.
They see strange things while sleeping.
They see snakes that are crawling
with little cups of water 'round their necks.

But in the land of Haiti
there are also forces which stand up and act.
They rise like grass
that never stops growing.

PÒT SIMITYÈ

Bò simityè,
tout kavalye desann chwal yo
plop plop.
Lamenm, tout chwal tounen zèb.

Se bò la, tout pousyè ki sòt lan kay
al di mò bonjou
kòm deryen.

Kòm deryen,
se bò la lakansyèl vide tiwa li
pou l'ofri timoun pwent plim
ak lakre wouj.

CEMETERY GATE

At the cemetery
all the riders dismount their horses
quick-as-a-flash.
Right there the horses turn into grass.

It's here also that all the dust coming from the houses
says good-morning to the dead
as if nothing happened.

As if nothing happened,
it's here the rainbow empties its drawers
in order to present pen-points and red chalk
to the children.

MOUVMAN NIL

Lamizè fè tout bagay blaze,
kwochi, fannen, dekrenmen
degrennen, rabi, ebete, graj,
doukdouk,
lè fini
nou boukante ri pou kriye,
nou boukante lamizè ak frè
pou nou sa kenbe ti bren.

Lesamdi, se tout vil lakòt
ki pati jete kò yo lan lanmè
tankou moun ki an chalè.

Isit, lavi boule!

ZILCH MOVEMENT

Poverty makes all things faded,
crooked, cracked, emaciated,
wasted away, dingy, stupid, ground-down,
pocked;
when it's finished
we're exchanging laughter for weeping
we're swapping misery with brothers
in order to clutch at blades of grass.

On Saturdays, the whole town on the coast
gets off by throwing their bodies into the sea
like people in heat.

Around here, life burns!

NI JODI, NI AYÈ

tout vi nou,
fouchèt san dan.

tout vi nou
ak do kiyè,

ni jodi, ni ayè.

yon peyi ki fè eskal
sou tout lanmè eskandal,

yon peyi lamizè eskalade
tribò babò,

yon peyi chak manti
men longè

ak lavi andanje de mò.

yon peyi fòskote
kote tout zegwi mont

ap mache prese prese
klitip klitap, klitip klitap

andedan tèt chomè
ki wè lavi yo pandye

kankou fèy bannann
ki ajenou atè.

yon peyi kal lan men
pou benefis malfektè-malpouwont

BOTH YESTERDAY AND TODAY

all our lives,
forks without teeth

all our lives,
the backs of spoons,

both today and yesterday.

a country in transit
over all the sea's roaring,

a land of poverty escalating
on all sides,

a land where every lie is
t h i s big...

with life in danger of death.

a sidewinding land
where all the clock-hands

are working rushrush
ticktock ticktock ticktock ticktock

inside out-of-work heads
who see their lives dangling

like banana leaves
kneeling on the ground.

a land scabby in the hand
for the profit of shameless hustlers

fè sou chak ti moso pen
monte men wotè,

ni jodi, ni ayè.

tout ti bagay
brase nan lapriyè

ni jodi, ni ayè.

bondye pou piyay
tankou kout baton lan dèyè,

ni jodi, ni ayè.

kote chanjman-an?
kote sendika travayè?
kote refòm agrè?

ayè monte sou vant jodi
ak tout kepi.
dizondi ni jodi, ni ayè,
Ayiti rete sou po dèyè.

who make the price of each piece of bread
skyrocket

both today and yesterday

all things
stir in prayer

both today and yesterday.

gods come cheaply
just like whacks of clubs on your ass,

both today and yesterday.

where's the change?
where's the workers' union?
where's agrarian reform?

yesterday climbs aboard the belly of today
with its military hat.
that is, both today, as with yesterday,
Haiti's down on the skin of its ass.

SAN

An n'al gade san koule,
cheri

pou yon fwa nan lavi,
se pa san moun k'ap koule,
pou yon fwa nan lari
se pa san bèt k'ap koule,

an n'al gade san koule,
cheri,
se solèy ki pral kouche.

BLOOD

Let's go see blood flow,
darling.

For once in a lifetime,
it's not people's blood spilling,
for once in the street
it's not animal's blood flowing,

let's go see blood flow,
darling:
the sun is setting.

YON TI FANM SÈZAN KI KANPE

On ti fanm sèzan
ki kanpe
kwen gran ri ak ri dèmirak
a onzè diswa
lan yon ti wòb fatige

On ti fanm sèzan
ki kanpe kon yon i
anba on galeri
Li pa p'tann kamyonèt
li pa p'tann pèsonn moun
sèlman lakay li
manman-l grangou
prèt pou mouri
li pito ret kanpe la
gwo onzè diswa
lan fredi anba yon galeri
sou gran ri.

A 16 YEAR-OLD GIRL WHO'S STANDING

A 16 year-old girl
who's standing
on the corner of Grand and Miracle Streets.
at 11 in the evening
in a tired little dress

A 16 year-old girl
who's standing like an i
under an arcade
She's not waiting for a bus
she's not waiting for anyone
it's just that at her house
her hungry mother
is about to die
she'd rather be standing there
at 11 in the evening
in the cold under the Grand Street
arcade.

RENN CHANTRÈL KOTE OU?

renn chantrèl kote-ou?

lasirèn ap kriye
sanble vwa li anwe
vil chagren nan lapenn
rèl li benyen ak san

renn chantrèl kote-ou?

depi tan nou isit
lannwit pa janm ale
vil bonè nan malè
solèy pa janm klere-l

renn chantrèl kote-ou?

syèl la fann an mòso
senk bèl koulè kwaze
yon parad toutrèl fou
kouri fè laviwonn
nan granchemen san lanp

renn chantrèl kote-ou?

si van vini l'a karese-w
si jou vini l'a kouwonnen-w
zwazo solèy a ba ou zèl
vin ede nou chante

renn chantrèl kote-ou?

SINGING QUEEN, WHERE ARE YOU?

singing queen, where are you?

the siren's weeping
it seems her throat's hoarse
the sad town is grieving
her cry is bathed in blood

singing queen, where are you?

ever since we've been here
night's never left
the town of happiness is in trouble
the sun never shines here

singing queen, where are you?

the sky's going to pieces
five beautiful colors cross
a parade of wild doves
runs around in circles
on the lampless roadway

singing queen, where are you?

if the wind comes it will caress you
if the daylight, it will crown you
sun-birds will give you wings
come help us sing

singing queen, where are you?

MWEN REVE-W KÒ TOUNI

mwen reve w kò touni
yon sèl rèv kraze tout limit
ki separe lòm ak lanmou

m'chire tout kwa ranyon
ki te mare men mwen

nan mitan lannwit ak lanmò
sou lanmè (manman tout anvi)
m'simen retay miwa-m
pou antre nan lye verite-m

m'avadra nan fon zye-w
san m'pa jwenn bout lavi
m'fè zanmi ou chwazi pou foli-m
ti tonton tèt bika ki nan vant lalin-nan
tezen monnami mwen ki konn renmen pase noutout

m'bati on vil douvanjou
san chalan ni feray
pou m'tann ou
pou ou tann mwen
pou alafendèfen
nan odè revòlt ak jasmen
ou kenbe tout pouvwa-w te gen okòmansman

chak jou m'parye gen yon limyè sekrè
ki vivan anba dlo
miz mwen se ou toupi tè
k'ap danse sou lanmè

leswa m'antre dòmi nan men-w
ou aprann mwen pale yanvalou
moute bekàn sou do nyaj yo
m'abite pawòl nan bouch ou
tout lanp etenn limen nan men-w

46

I'M DREAMING OF YOUR BODY ALL NUDE

I'm dreaming of your body all nude
a single dream breaks all bonds
separating man from love

I tear off all the raggedy crosses
binding my hands

in the middle of the night and death
on the sea (mother of all desire)
I scatter the remnants of my mirror
to enter my place of truth

I go straight to the bottom of your eyes
without finding an end to life
I make your friends choose, for my madness,
the little bald guy in the belly of the moon,
my buddy Tezen, who knows love better than us all

I build for you a town out of the dawn
without guards or hardware
in order to wait for you
so you can wait for me
so that in the end of days
in the smell of revolt and jasmine
you'll hold on to the power you had from the beginning

every day I bet on a secret light that's alive underwater
my muse the earth's top
dancing on the sea

at night I come in to sleep in your hands
you teach me to speak in voodoo rhythms
ride a bike across the tops of clouds
I inhabit the words in your mouth
all darkened lamps light up in your hands

KANNARI KRAZE

kannari kraze 7 kote
7 baton lakre
7 grenn miskaden
7 pa 7
nan godèt fèblan
pou pase ti gout pa ti gout
tèt gridap sou machpye
ap tann timounn dezòd
ki jou
ki jou pou lalin kase kòd

zaboka mi
zaboka mi
grann siya babye pou l'mouri
madichon pou kristòf kolon
madichon pou apolo 13
madichon sou tout petyonvil
otomobil
ti pil gwo pil
ap jape nan zòrèy chen fou
ki jou
ki jou pou lalin kase kòd

yo di
pinga grate kita
yo di
pînga jwe viv damou
Si mòn lasèl gen dan doukla
Si lanmou gen jansiv vyolèt
Si van pa soufle nan banbou
Si timounn bliye fè lanmou
ki jou
ki jou pou lalin kase kòd

A CLAY POT BROKEN

a clay pot broken in 7 places
7 sticks of chalk
7 nutmeg seeds
7 by 7
in a tin cup
time passes drop by drop
a tin-cup lamp on the porch
waiting for the little rascal
what day
what day will the moon break its rope?

ripe avocado
ripe avocado
grandma siya's nagging to death
goddamn christopher columbus
goddamn apollo 13
bad luck on the auto-route
to petionville
a little pile-up a big pile-up
cars barking in the ears of mad dogs
what day
what day will the moon break its rope?

they say
don't scrape your guitar
they say
don't play long-live love
if mt. laselle has crooked teeth
if love has violet gums
if the wind isn't blowing in the bamboo trees
if the young forget to make love
what day
what day will the moon break its rope?

AYITI DEMEN

Lè l'a libere, Ayiti va bèl o!
W-a tande, w-a tande koze
Lè l'a libere, Ayiti va bèl o!
W-a tande, ala yon ti peyi mache o!
W-a tande.

Nou kapab pèdi moun, nou kab pèdi batay
Men pèdi Ayiti, se yon lòt bagay
Nenpòt lè san yon patriyòt koule
Va genyen yon douzèn lòt ki pou leve.

Lit la di anpil, e l'ka dire lontan,
Men, de jou-an-jou, l'ape vanse.
Moman difisil ape tann nou devan
Men nou pape janm dekouraje.
Nou konn Ayiti a vini yon bon peyi
Kote avni pèp-la asire
Kote sa k'plante, se li ki rekòlte
Kote sa ki swe, se li k'poze.

Lè sa-a, fanm yo va gen choublak nan cheve
Kou gason yo va gen mouchwa wouj mare
Nan lari, tout timoun ape chante
Granmoun yo menm va di: men jou a rive.

Menmjan pye joumou pa janm donnen kalbas
Laparès pa donnen laviktwa
Yon sèl gout lapli pa ka fè lavalas
Zonng kretyen vivan pa koupe bwa
Men nou pa kapab rete de bra kwaze
Si nou vle jou sa-a rive vrèman
Yo pa janm fè moun kado lalibète
Libète se pou pèp ki vanyan.

HAITI TOMORROW

When it's free, oh Haiti's going to be beautiful
You'll hear, you'll be hearing about it
When it's free, oh Haiti will be beautiful!
You'll hear about that little land on the move, oh
You'll hear.

We may lose people, we may lose battles
But losing Haiti is something else
Should the blood of one patriot flow
There'll be a dozen others rising up.

The struggle's really tough and can last a long time
But from day to day it keeps on moving.
Hard times await us up ahead
But we'll never get discouraged.
We know Haiti will be a beautiful land
Where the people's future is assured
Where whoever plants will reap the harvest
And whoever sweats will earn his rest.

When that time comes, women will wear hibiscus in their hair
Guys red bandannas around their necks
In the street, all the kids will be singing
And even the old folks will say: Well, it's finally arrived.

Yet as a pumpkin seed doesn't produce a calabash
Laziness just doesn't bring about victory
A single raindrop can't make a flood
Human fingernails won't cut wood
We can't just sit on our hands
If we really want that day to arrive
No one ever gets freedom as a gift
Freedom is for people who are brave.

AWONA

Bouch yo wouji
Figi fade
Y-ape danse
Moun k'ap gade
Kapab panse
Y-ap jwi lavi
Men sepandan
Si nou pran yon ti tan
Pou nou reflechi
N'a wè ke lavi kafe
Pa gen anpil plezi
N'a wè ke bèl griyen dan
Pa vle di kè kontan

Yo pran souflèt
Sibi afwon, yo pran koutba
San di petèt
Yo fè pitit ki san papa
Men nou konnen
Jan yo trimen
Jan yo fè efò
Pou timoun yo ka pase
De twa jou nan yon lekòl
Pou timoun yo pa pouse
Kankou zèb bò rigòl

Gen moun ki di
Fòk y'al fè bòn
Ak kwizinyè
Al fè kouti
Monte nan mòn
Al travay tè
Men moun sa yo
Lè yo gen bòn yo vle sedwi yo
Toutlajounen y'ap file

52

HOOKER

Lips reddened
Cheeks rouged
They're dancing
People watching
May think
They're enjoying life
But meantime
If you take a moment
To reflect
You'll see that brothel life
Doesn't have a lot of pleasure
You'll see that a beautiful laughter
Doesn't mean a heart's content

They take slaps
Endure insults, take dirty tricks
Without saying Maybe
They have little ones without fathers
But we know
How they slave away
How they try
So that their kids can spend
Two or three days in a school
So that their kids won't have to grow
Like grass by the ditch

There are those who say
They should be maids
Or cooks
They should be seamstresses
Climb hills
And work the land
But those same people
When they have a maid want to seduce her
All day long they keep after her

Fè menas, fè presyon
Se yo premye ki mete
Fanm yo nan pèdisyon

Lè n'ap gade medam ki nan kafe
Pa prese kritike pa prese kondane
Sonje dabò ke se lasosyete
Ki lage aladriv san metye san manje.

Make threats pressure her
They're the first to
Turn a woman out

When you're looking over girls in a whorehouse
Don't rush to criticize don't rush to judgment
Remember first of all that it's society
That abandoned them to drift without trade or food.

VYEWO

Nan mitan yon chan kann bò Igwey,
An Dominikani,
De Ayisyen chita nan yon batey,
Pye atè, dotouni.
Youn ape pale, youn ape koute.
Yo pa fè bri.
Van nan kann nan sèlman ki tande
Sa y'ape di.

> Vyewo, ou k'pral fè tè Ayiti,
> Men yon komisyon w-a bay madanm mwen pou mwen.
> Vyewo, se yon "Diez peso,"
> Vyewo, avèk yon pè zanno,
> Lè w-rive, si w-jwenn li plase,
> W-a bay manman mwen-l pou mwen.

> Vyewo ale, vyewo tounen,
> Avèk nouvèl ki bay kè plen:
> Manman-an mouri,
> Sa gen kèk lannen.
> Gen moun ki di
> Ke se chagren.
> Madanm nan la, l'ape kenbe,
> Men timoun yo mal okipe.
> Premye-a grandi tankou chwal,
> Ti dènye-a pa menm sonje papa-l.

Nan mitan yon chan kann bò Igwey,
An Dominikani,
De Ayisyen chita nan yon batey,
Pye atè, dotouni.
Youn ape pale, youn ape koute,
Yo pa fè bri.
Van nan kann nan kouri efase
Sa y'ape di.

VIEJO*

In the middle of a canefield near Higuey
In the Dominican Republic,
Two Haitians are sitting
Barefooted, their backs naked.
One's talking, one's listening,
They're not making any noise.
The wind through the cane is the only thing hearing
What they're saying:

Viejo, as you're going to farm in Haiti,
Here's a message to give my wife for me.
It's ten pesos, Viejo,
Along with a pair of earrings, Viejo.
When you arrive, if you find her with another guy,
Would you give them to my mother for me.

Viejo went, and returned
With news that saddened his heart:
The mother had died
Some years before.
There were those who said
She died of sadness.
The wife was there, hanging on,
But their kids had been badly cared for.
The first had grown up like a wild horse,
The littlest didn't even remember his papa.

In the middle of a canefield near Higuey
In the Dominican Republic,
Two Haitians are sitting
Barefooted, their backs naked.
One's talking, one's listening,
They're not making any noise.
The wind through the cane is the only thing hearing
What they're saying:

Kouzen, m'sot fè tè Ayiti.
Men yon komisyon madanm ou voye ba w.
Kouzen, li lè pou w-tounen,
Kouzen, menm si w-pa pot anyen,
Lè w-ap janbe fontyè,
Pa bliye manchèt ou dèyè.

Cousin, I've just come from Haiti.
Here's a message your wife sends to you:
Cousin, it's time for you to come back;
Even if you don't bring anything, cousin,
When you cross the border
Don't leave your machete behind.

Viejo is an old Haitian laborer returning home after cutting
sugar cane in Cuba

SOSYETE KOUKOUY

THE SOCIETY OF FIREFLIES

FANM PEYI MWEN

Fanm peyi mwen
Si n'pa rele
N'a toufe

Fanm peyi mwen
Se nou, youn jou
Vant po kon potui
Figi dekonstonbre
Tete pandye kon blad degonfle
Ap degoute tidegout lavi malkyò
Kon sansi souse san lasoufrans

Fanm... Fanm peyi mwen
Si n'pa rele
N'a toufe

Fanm peyi mwen
Se nou, youn jou
kondisyon doutans trangle
Ak youn fanm
Fanm savann
Youn lanm razwa
File kon chandra
Filange youn plasennta
Pou dekòde lavi tòdye

Fanm! Fanm peyi mwen
Si n'pa rele
N'a toufe

Anmwe! Anmwe annou houke
Jouk nou anwe
Pou sole ki detui mikwòb
Blayi zèl li

62

WOMEN OF MY COUNTRY

Women of my country
If you don't scream
You'll choke

Women of my country
It's you, one day,
Midriff like old leather
Face demolished
Breasts like deflated balloons
Drip/dropping life's hardships
Like leeches sucking suffering's blood

Women... Women of my country
If you don't scream
You'll choke

Women of my country
It's you, one day,
In a state of strangled doubt
With a woman
A woman of the land
A razor blade
Sharp as Chandra*
Will slash a placenta
To unknot a twisted life

Women! Women of my country!
If you don't scream
You'll choke

Help! Help! Let's cry out
Until we're hoarse
So the sun that destroys germs
Spreads its wings

*Chandra: brand of razor blades

Sou fanm vanyan
Pou tennèb lamizè
Sispann yaya nan koridò dezafi-n
Pou seche lamenm tout ravin destriksyon

Fanm! Fanm peyi mwen
Leve kanpe anba flanm sole midi
Kare-n sou tete gòch madichon-n
Pou krabinen tout kò-san-tèt
K'ap sikile an sibemòl
Simen sèl-a-pwav
Pou n'sa bay lagany
Pou younn sa devore lòt

Fanm! Fanm peyi mwen

Sonje...wi sonje
Nou tout se menm
Menm branch
Nan youn pye flanbwayan.
Fleri...Fleri...
Fleri lavi
Nan kat sezon lapli
Nan tout rakwen peyi d'Ayiti

On brave women
So the darkness of misery
Stops wriggling in the alleys of our troubles
So the ravines of destruction dry up right there

Women! Women of my country!
Rise and stand under the flame of the midday sun
Square off under the left breast of misfortune
To smash the whole pack of headless bodies
That move surreptitiously
Scatter salt and pepper
That drive them crazy
So they devour each other

Women! Women of my country

Remember... yes, remember
We're all the same,
The same branches
On a flame-tree
Blossoming... Blossoming
Blossoming with life
In the four seasons of rain
In all the nooks and crannies of Haiti.

ZONBI

Depi twa jou
Depi twa nuit
Lavi-m kite-m
Pasi-pala
M'ape chache-l
San zespwa.

Depi twa jou
Depi twa nuit
Bouyay pete
Lavi-m ale
O wi! L'ale
M'ape chache-l
M'pa sa twouve-l.

Si sou wout nou
Nou ta kontre-l
Si nan pale koze
Koze pale
Si nan bese leve
Je-n ta kwaze
Tanpri... Di li
Di li pou mwen
San li m'se zonbi
M'pa sa viv

Men non... Koute
Koute byen
Si toutbon vre
Sou wout nou
Nou ta kontre-l
Bab-pou-bab
Di li
Di li pou mwen
Si li konnen
L'ap retounen menm jan-an

ZOMBIE

For three days
And three nights
My life's been gone
I've been looking
Here and there for her
Without hope

For three days
And three nights
I've been crazy
My life's gone
O, yes, she's gone!
I've looked all over
But can't find her

If you happen to
Meet her on the way,
If there's talk about
Her on the grapevine,
If she crosses your path
As you rush around,
Please... tell her,
Tell her for me
I'm a zombie without her
I'm just not alive

But, no... Listen,
Listen good:
If you really
Meet her
Face to face
On the road,
Tell her,
Tell her for me
If she knows
She'll be returning the same way

Mwen, pitit lamizè
Mwen, pitit lasoufrans
Mwen, restavèk
Domestik, tyoul
Si li konnen
Anba-anba m'ape rete
Pou lèzòt maltrete-m
Pou lèzòt meprize-m
Anba-anba m'ape rete
Pou lèzòt pilonnen-m
Tòchonnen-m
Toufonnen-m
Di li
Tanpri di li pou mwen
Li mèt ale
M'a pa fout bezen-l ankò.

I'm a child of poverty
A child of suffering
A child-servant
A domestic an errand boy
And does she know
I'm down in the pits
Where others abuse me
Where others despise me
I'm down in the pits
Where others walk all over me
Dirtying me up
Roughing me up
Tell her
Please tell her for me
She should stay away
I sure as hell don't need her anymore.

Y'AP KITE BRID SOU KOU (ekstrè)

Youn jou maten konsa yo pèse
ak youn gwo bouke flè
yo di "Se lamitye nou pote"
Lè flè yo vin cheche
konsa youn jou maten
Lawontèz dechennen
Lamò pran banbile
tout machwè te gonfle

Youn jou yo antre an kousiprann
daso yo te vin prann
Yo di "Nou la pou nou ede"
Lè sezisman pase nou rete nou gade
nou tout te minote
de bra de pye mare
Tan te menmjan prèske
ak lè Panyòl t'ap banboche
ak lè Franse t'ap reskiye

Konsa yo antre san frape
yo di "Se gwo gift nou pote"
konsa youn jou maten
pwomès te plen panyen
Lè panyen chavire
LENJISTIS pran pouse
GRANGOU leve kanpe
PIYAY òganize
DEBWAZMAN mete pye
LIBÈTE te bwaze
KAKO t'ap choukete

Yo antre san frape
konsa youn jou maten

THEY'RE LEAVING WITH A BRIDLE
ROUND THE NECK (excerpt)

One morning just like that they arrive
with a big bouquet of flowers
they say, "It's friendship we bring"
When the flowers dry up
just like that one day
Shame gets furious
Death goes on a blast
all voices went mute

One day they entered by surprise
and tried to crash the party
They said, "We're here to help"
When the shock was over we looked around and realized
we were all in handcuffs
arms and legs tied up
It was almost the same
as when the Spanish partied off us
and the French mooched off us

Just like that they came in without knocking
and said, "It's a big gift we're carrying"
just like that one morning
promises filled our baskets
When the baskets were overturned
INJUSTICE began to grow
HUNGER stood right up
PLUNDER got organized
DEFORESTATION took a step
LIBERTY went into hiding
The CACOS made themselves like stumps

They came in without knocking
just like that one morning

tout mounn rete bouch pe
pèsonn pa di anyen

Konsa youn jou maten
ak ne flè ne panyen
machwè yo ki va gonfle
se bouch yo ki va pe
paske youn maten
san bri san kont
pèsonn pa p'di anyen

y'ap sispann chache kont
y'ap kite brid sou kou
e m'a di kou pou kou.

everyone was left speechless
nobody said anything

Just like that one morning
with flowers and baskets
their jaws will swell up
their mouths will shut up
because one morning
without noise without argument
and with no one saying anything

they'll stop looking for a fight
they'll leave with the bridle round their neck
and I'll say they got what they were looking for.

FANM

Pou Medjine ak Mendjaly

"Lè fanm vanyan ap mache li pòtre
ak Manzè Lavi"

Fanm pote lavi
pi wo pase fetay solèy
Nan voye wòch monte
bwote dlo desann
nan Lakou plètil
fanm leve nechèl wotè van
k'ap bale wouze

Nan peyi malfini
fanm charye douvan jou-l
soutèt kamyon bwat
Madan sara fè ovètay
pou po pistach

Lè fanm ap goumen
kòtakòt ak gason
bab-pou-bab ak ranyon dife
Lè fanm pran sèt so
anvan l'di alatraka
fò ou konnen konbyen kalfou
jipon-l janbe
konbyen flanm li travèse
anvan bonèt li chavire

Fanm mennen lavi
nan sous dodo meya
Kwape lamizè
Twaze dyòl maldyòk
Dwèt madichon fanm
pa respekte pè pap

WOMAN

For Medjine and Mendjaly

"When a brave woman's out walking she looks
just like Mistress Life"

Women carry life
higher than beams of sunlight
In a stone's throw rising
and bringing water down
to the Courtyard of "yes, sir"
women raise a ladder high as the wind
sweeping the dew

In the land of hawks
women transport daybreak
atop the wooden backs of trucks,
market women doing overtime
for peanuts

When a woman fights
alongside man
toe to toe with rags of fire,
when a woman falls seven times
before she cries uncle
you must know how many crossroads
her petticoat has seen
how many flames she's traversed
before her bonnet tips over

Woman leads life by the hand
to the source of well-being
She scares off misery
Stares down the bad mouths
Woman's accusing finger
fears neither pope nor priest

Lè fanm vanyan ap mache
li sanble tèt koupe ak manzè lavi

Lesiv defigire men-l
Kout batwèl
ant salyè-e-valyè
trese riban
nan boukan pen kotidyen-l
Semèl jounen-l
manje pousyè
vale kalfou
twoke twòkèt pou chay
Fanm O!
pa gen baryè
pou mezire kouray-ou

When a brave woman's out walking
she's Mistress Life's spitting image

Laundry disfigures her hands
The strokes of her clothes-beater
between collarbone and hollow
braid ribbons
in her bonfire of daily bread
The shoe-soles of her days
eat dust
swallow up crossroads
give up the buffer for the load
O Woman
nothing can fence in
your courage

LAPAWÒL

Pou Julio Jan-Pierre ak Nicolas Hyppolite, Jr.

"Nou se papiyon n'ap voye nouvèl ba yo"

Lapawòl monte bwa
Vèvè Ogoun Feray
chire tan-an

Youn etidyan san lekòl
pèdi lapawòl nan Titanyen
Souf li
se kout lè
Langay loksijèn
nan kè tidife boule
ap tann van
pou fè boukan danse

Pawòl li klete
men rèv li
se latriye mo monte
k'ap deplòtonnen fòs nou.

SPEECH

For Julio Jean-Pierre and Nicolas Hyppolite, Jr.

"We're butterflies we carry news to them"

Speech has crawled up a tree
Ogoun Feray's vèvè*
rips time to shreds

A student without a school
has lost his voice at Titanyen
His breath
is a burst of air
the language of oxygen
at the heart of a tiny flame
waiting for the wind
to make the bonfire dance

His voice is locked up
but his dreams
are the artillery of words loaded
to uncoil our strength.

*vèvè is the symbol of a voodoo spirit often traced
on the floor of a voodoo temple, with flour

ZILE KARAYIB

Pou Daniel Boukmann ak Max Rippon

"Kreyòl pale kreyòl konprann"

Nou se zile Karayib
Douvanjou nou neye nan sann
Prentan nou fleri
flè kenèp mal
Yo anba zèsèl nou
y'ap dechèpiye lakansyèl

Nou se zile Karayib
san nou tranpe nan souf pasyans
N'ap tann septanm
pou nou file grenn nòde
nan kolye timounn karèm.

CARIBBEAN ISLANDS

For Daniel Poukman and Max Rippon

"Creole speaks Creole understands"

We're Caribbean islands
Our dawns drown in ashes
Our springtimes bloom
with male *kenep* flowers
They cut the rainbow to bits
under our armpits

We're Caribbean islands
our blood tempered by patience's breath
We're waiting for September
to string the beads of the north wind
into necklaces for the children of Lent.

WONGÒL

Pa ba-m manje
si m'grangou:
m'pa bezwen bezwen-ou.
Se travay m'mande.

***

Ou di jodi!
Sa ou fè denmen?

***

Tout bouch ap bat
tout bra kwaze
barik mayi-a rete la.

***

Nèf mwa nan vant
de mwa lavi
youn jou lan mòg
tout tan anba tè.

***

Pale met la... pale met la...
pale met la jouk ou pa la.

***

Nan peyi d'Ayiti
ou bezwen rich
louvri youn komès mòg.

WONGÒL*

Don't give me food
if I'm hungry
I don't need your need.
It's work I'm asking for.

***

You say: Today!
What did you do to tomorrow?

***

All the tongues are wagging
all the arms are folded
the barrel of corn just stands there.

***

Nine months in the belly
two months in life
one day in the morgue
forever underground.

***

Talk, talk, talk... talk, talk, talk
talk, talk, talk until you're gone.

***

In the land of Haiti
if you want to be rich
open a mortuary business.

* *Wongòl is* a short poem, invented in the '60s, of anywhere from
2-6 lines, containing a succinct message, often politically dissident.
The above *wongòl* are selected from a dozen written by Banbou.

***

Bèl ti wòb, ba plen twou
Gogo bay...
gaga pa pran.

***

***

Pretty little dress, ... stockings full of holes
moron gives ...
simpleton ain't taking.

***

LIBÈTE

Souse
n'a souse zo
vlope
n'a devlope

Nan peyi pa-m
kalanderik gwo ze
omlèt dore lòtbò lanmè.

De rejiman zonbi
twa mamit sèl
nan posesyon
jaden fleri
jojeklib fre
bazilik vèt
ape monte lakatedral
de blannbalèn
jekwazandye
samdi sen samdi maten
beni dloje lavi san san.

Labrin diswa
vale solèy
fènwa fè lank
solda mawon
nan koukouwouj
ale vini
bare sentre
de bisuit sèk sèch
trip gangozye.

Merenng deyò
tanbou marye

LIBERTY

Suck
we'll suck bones
fold and
we'll unfold

In my country
the big calendaric egg*
omelette's well done abroad.

Two regiments of zombies
three cans of salt
in procession
gardens blooming
fresh shell-flower
green basil
climbing the cathedral
two white candles
itrustingod
holy saturday saturday morning
bless tear-drops of life without blood.

Nightfall
swallows the sun
darkness deepening
runaway soldiers
in hot pursuit
coming going
block off and corner
two dry biscuits
greedy guts.

Meringue's on
drums going strong

* a calendaric egg is a fabulous egg from
Bouki and Malis folk tales.

bal maske
kokobe soule bosi
kouche drese
plake kanpe
nan fè dodin
w-a vin granmounn.

mascarade
gimpy gets the hunchback drunk
lie down get back up
stand on your hands stand back up
struggling well
you'll get free.

PWEZI WONGÒL

Pou Ayida

I

Gendelè m'rete
M'gade-ou Ayida
Lòlòj-mwen vire

Tèt-ou gridap se vre
Men lannuit genlè
Dòmi nan cheve-ou

Ayida o!
Solèy galonnen
Nan tout plenn lakay
Timounn-yo manje grangou
Vant deboutonnen

Poban lannuit
Tonbe sou fèy lavi
Lalin-nan tounen biva
Men nwasè-a pwès konpè!

Ayida o!
Kilè jou-a va sevre?

Zonbi sige l'ale
Zetwal file tonbe
Zwazo leve chante
Nan veye kay Ayida

Zeklè file pase
Zam rale tire
Zansèt leve kanpe
Deblozay pete kay Ayida

WONGÒL POEM

For Ayida

I

Sometimes I stop
I look at you, Ayida
I lose my mind

Your head's nappy, it's true
But the night seems
To sleep in your hair

O Ayida!
The sun's cutting capers
On all the plains of our homeland
Children are eating hunger
Their soul's content

The jar of night
Falls onto the leaf of life
The moon's a blotter
But, man, the darkness is thick!

O Ayida
When will this day be weaned?

Zombies take off and split
Stars streak and fall
Birds rise and sing
At the wake at Ayida's

Lightning streaks and passes
Weapons are drawn and fired
Ancestors rise and stand up
A ruckus breaks out at Ayida's

II

Youn zetwal file tonbe
Fann fontèn tèt-mwen
Pakanpak
Youn loray gwonde tonbe
Nan mitan zantray-mwen
Tidife boule kale nan kè-m tou wouj

Ou mèt koupe-m
Rache-m jete-m
Ou mèt boule-m
Fè chabon ak mwen
Zwazo p'ap sispann
Fè nich nan rasin-mwen
Lespwa p'ap bouke
Fleri nan kè-m
Mwen se sanba
Rasin-mwen pa gen tobout

III

Lè youn flèdizè blese
A dizè tapan
Li mouri tetanòs
Pa gen anyen nan sa

Lè youn choublak senyen
San kò-l benyen kò-l
Wanganègès rele
Sa pa di anyen

Men lè youn pye flanbwayan
Fè emoraji
Tout zwazo vole gagè

Nan ekziltik y'al chante
Lòt bò dlo y'al kriye
Lapenn sa k'rete dèyè

II

A streaking star falls
Splitting the top of my head
From side to side
Growling thunder tumbles
Down in the middle of my gut
Hot little fire hatches all red in my heart

You can cut me
Weed me out throw me away
You can burn me
Make charcoal of me
Birds won't stop
Making nests in my roots
Hope won't stop
Blossoming in my heart
I'm a poet
My roots don't have an end

III

When a 10-o'clock flower is wounded
At ten o'clock sharp
It dies of tetanus
Nothing to it

When an hibiscus bleeds
Its blood bathes its body
The hummingbird screams
There's nothing to it

But when a flame-tree
Hemorrhages
All the birds fly the coop

In exile they go singing
On the other side of the water they cry
In sorrow for those left behind

Van pote nouvèl
Nouvèl gaye
Zorèy Ayida Kònen
Li pa tande anyen

IV

Chak gout lannuit ki koule
Se youn tas kafe anmè nan kè-nou
Nan je-nou lawouze koule
Detenn kouch poud
Nan machwa douvanjou

Malfini gagannen jou
Beke solèy nan grenn je
Limyè bite twa fwa
Avan li trepase gran jounen

Tout kat libète-nou anba kòd
Rèv-nou mezire nan timamit
Silans-nou fele
Pasyans-nou kankannen sou nou

Men oumenm ki mezire nòde
Ki lonnen jipon-ou
Nan kat pwenkadino
Ki peze lanmè nan balans-ou
Loray pete twa fwa nan patmen-ou

Lè van kase kòd
Ki mounn ki va koupe jarèt-li
Lè lanmè souke jipon-l
Ki mounn ki va di-l san lizay
Lè loray va bat kalinda-a
Ki mounn ki va leve danse

The wind carries news
The news spreads
Ayida's ears ring
She hears nothing

IV

Each drop of night that drips
Is a cup of bitter coffee in our hearts
Dew flows from our eyes
Staining the coat of powder
On the jaws of early morning

Hawks choke the day
Peck at the sun's eyeball
The light stumbles three times
Before it expires in broad daylight

All of our 4 freedoms are under arrest
You could fit our dreams in a tin-can
Our silence is cracked
Our patience dried up inside us

But you who measure the north wind
Who spread out your underskirt
In the 4 directions
Who weigh the sea on your scales—
Thunder booms three times on your palms

When the wind breaks its rope
Who'll cut its tendon?
When the sea shakes its underskirt
Who'll say it has no manners?
When thunder booms in the rhythm of a kalinda
Who'll get up to dance?

M'AP EKRI YOUN POWÈM

Pou gason ki twò pòv ki pa kab gen madanm
Pou fi ki san mari, san okenn lòt soutyen,
Pou timounn ki òflen, ki pa gen dlo ni pen,
K'ape tann bon pwochen pou lonje yo lamen,
M'ap ekri youn powèm ki p'ap janmen fennen.

Pou mounn ki pa gen kay k'ap dòmi sou galri,
Anba pyebwa, sou plas, bò larivyè, sou plaj,
Nan touf raje, sou pay, nan pousyè nan labou,
Anba lapli, nan van, san okenn kouvèti,
M'ap ekri youn powèm ki p'ap janmen fini.

Pou tout mounn y'akize, yo arete san prèv,
Kondane san jijman yo fèmen nan kacho,
Inosan k'oblije ap fè travo fòse,
Mounn onèt gwo bouwo ap maltrete tout tan,
M'ap ekri youn powèm ki p'ap janmen fini.

Pou mounn ki donmaje, pou mounn ki kokobe,
Pou bèbè pou avèg, pou soud, pou malenge,
Pou san-men, pou san-pye, san-zòrèy ak san-nen,
Pou tout mounn ki enfim, san sekou sou tè-a,
M'ap ekri youn powèm ki p'ap janmen fini.

M'ap ekri youn powèm pou tout mounn sila yo.
L'ap lèd pou espwatè, l'ap lèd pou kriminèl,
Men, l'ape bèl anpil pou tout mounn ki debyen...
L'ap lonng, l'ap tèlman lonng, kan mwen va vlope li
Mil fwa, dimilyon fwa otou glòb terès la,
Li p'ap ankò kaba, prèt pretann pou l'kaba!...

I'M WRITING A POEM

For the guy too poor to be able to have a woman
   For the woman without a husband without any other support
   For the orphan kids who don't have bread or water
And wait for a good neighbor to lend a hand
I'm writing a poem that will never wither.

For the people who are homeless who sleep in doorways,
  Under trees, in town squares, alongside rivers, on the beach,
In clumps of bushes, on straw, in dust, in the mud,
   In the rain, in the wind, without any cover,
  I'm writing a poem that can never end.

For all the people they accuse and arrest without proof,
  Condemn without trial, lock up in cells,
    Innocents forced onto chain gangs,
Honest people that big torturers are forever abusing,
  I'm writing a poem that can never end.

For the disabled and for those who are lame,
  For the mutes the blind the deaf and the diseased,
For the armless, the legless, those without ears and noses,
  For all the infirm people helpless on earth,
  I'm writing a poem that can never end.

I'm writing a poem for all those people.
  It'll be ugly for the exploiter, ugly for the criminal,
But so very beautiful for all people who are good...
It'll be long, so very long, even if I wrapped it
  A thousand times, ten million times around the earth,
It won't be finished, won't even be ready to pretend to be done!...

CHANJMAN

Klik klak! klik klak!
lòlòj nou y'ap vire!
gòch dwat monte desann
se laviwonn dede
klik klak! klik klak!
lòlòj nou y'ap vire
pou yo fè nou gaye
pou nou bliye
kilè li ye
men nou konnen lè-a rive
lè pou chanjman

lè pou chanje vye konsepsyon makout
youn kansè k'ap manje trip peyi-a
kondane-l
elimine-l
ranplase-l
ranplase-l pa respè
respè pou peyi-a
respè younn pou lòt
respè pou tèt nou

lè pou nou rekòmanse mache
tèt anlè
nan pwosesyon
tout lòt nasyon

lè pou nou chanje dirijan fachis
souflantyou pou grinbak
ti sousou restavèk mouche Sanm
kondane yo
elimine yo
ranplase yo
ranplase yo pa santinèl
k'ap veye enterè pèp la tou

CHANGES

Clikclakclikclak!
They're driving us crazy
left right up down
it's a merry-go-round
clikclakclikclak!
they're driving us crazy
disorienting us
making us forget
what time it is
but we know the time has come,
the time for change!

time to finish off the rotten macoute mentality
the cancer that's eating at the guts of our country,
condemn it
eliminate it
replace it with respect
respect for the country
for one another
and for ourselves

time to start walking again
walking tall
in the procession
of all nations

time to get rid of fascist leaders
boot-lickers for greenbacks
ass-kissing toadies of Uncle Sam,
keep watch, sentry, keep watch,
accuse the enemies of the people
that bunch of cold-blooded opportunists
the reactionary bourgeoisie
the army of thugs
under the umbrella of American imperialism

pa sèlman enterè youn ti gwoup
lè pou chanje palto blaze sant rans
Sanm mete sou nou-an
do-l make koloni
lakou dèyè U.S.A.
li make tout sa nou wont di
tout sa nou pè di
fòk nou chanje-l pou youn varèz gwo ble
ble kou syèl ayè lakay nou
youn varèz ki koud ak fil dyanm
konviksyon endepandans

veye santinèl veye
pou boukan revolisyon-an pa tenyen
veye santinèl veye
jouk jou louvri
jouk mayi mi

nan mamit mobilizasyon
revolisyon-an ap bouyi
flanm yo ap niche syèl la
lonbray kriminèl yo ap danse
y'ap kouri
y'ap vole
kou lougawou nan fènwa

veye santinèl veye
lonje dwèt sou lènmi pèp la
youn bann opòtinis je chèch
youn boujwazi reyaksyonè
youn lame kriminèl
sou lòd enperyalis ameriken
youn pakèt panten paranoyak
youn tyaka k'ap bay vantmennen

klik klak! klik klak!
y'ap chache vire lòlòj nou
ak youn politik grenn kraze

that bunch of paranoid puppets,
that swill that gives us diarrhea

clikclakclikclak!
they're trying to drive us crazy
with a ball-busting politic
a nice orchestration with an imperialist baton
they're trying to drive the people batty
but they won't succeed
we're not giving up
we have got to change the tune
it's too much like a requiem
we have got to make our own music
with our own players
our own score
a music of joy
and peace
and love

waiting so long for deliverance
under the burning sun of poverty
under the stinging sun of repression
and the merciless sun of life,
waiting so long for deliverance
our shadows remain on the ground
even when we move;
condemn them
eliminate them
replace them
replace them with sentries
who'll watch over the people's interests
and not just the interests of the elite

time to change the faded stinkysmelly jacket
Uncle Sam gave us to wear
its back marked with: *Backyard*
Colony of the U.S.A.
which says everything we're ashamed to say

bèl òkestrasyon ak bagèt enperyalis
y'ap chache vire lòlòj pèp la
men yo pa p'sa ka
nou pa p'bay legen
fòk nou chanje mizik la
li sanble twòp ak libera
fòk nou jwe mizik pa nou
ak mizisyen pa nou
ak patisyon pa nou
youn mizik lajwa
youn mizik lapè
youn mizik lanmou

afòs n'ap tann delivrans
anba solèy pike lamizè
anba solèy pike represyon
anba solèy pike lavi-a
afòs n'ap tann
lonbray nou rete atè-a
menmlè nou deplase
an nou chanje sa k'pou chanje
jodi-a
kounye-a
an nou chanje sistèm sila-a
kondane-l
elimine-l
ranplase-l
ak youn sosyete revolisyonè
kote tout mounn ap fè youn sèl.

everything we're scared of saying;
we've gotta change it for a blue-denim jacket
blue like the sky back home way-back-when,
a jacket sewn with the strong threads
of conviction for independence.

keep watch, sentry, keep watch
don't let the fire of revolution die,
keep watch, sentry, keep watch
till dawn
till the harvest time

in the caldron of mobilization
the revolution's boiling up
its flame licking at the sky
the shadows of the torturers dancing
running
flying
like demons in the dark
let's change what needs to be changed
today
right now
let's change this system,
condemn it
eliminate it
replace it
with a revolutionary society
where all will be united as one.

DEZAGREMAN

Dezagreman antre lakay nou
san frape
li te genyen nan men li
yon drapo
yon gwo drapo plen zetwal
li antre san frape
se akolit li yo
ki kite-l antre
se yo ki te kite pòt ouvè pou li

travayè nan lakou-a di non
yo pa p'kite dezagreman antre
men li te deja la
li t'ap vanse sou nou

tout ouvriye nan katye-a
tout pwoletè nan zòn lan
tout machann ki t'ap pase
met tèt ansanm yo di non
dezagreman pa p' antre pi fon
se malè li pote
se tounen pou l'tounen
kote li soti-a

sa w'tande-a batay pete
dezagreman ansanm ak bann
akolit li yo
yo frape nou
yo prije nou
yo tòdye nou
yo touye anpil lan nou
moun se rèl
jouk kounye-a
mwen kite y'ap goumen
se vini m'vini
pou chache ranfò.

TROUBLE

Trouble enters our house
without knocking
it's holding a flag
in its hands
a large flag full of stars
it comes right in without knocking
its accomplices
have let it in
have left the door open for it

the workers in our backyard say no
they don't wanna let trouble enter
but it's already here
it's advanced on us

all the workers in the neighborhood
all the proles in our area
all the street-vendors passing by
get together saying no—
trouble can't enter any further
it brings misfortune
it's gotta go back
to where it came from

right away a fight's starting
trouble together with a bunch
of its cronies
are beating us up
squashing us
twisting us
killing many of us
people are screaming
as I'm speaking to you now
the fight's still going on
I just came here
to look for reinforcements.

ZWING

1.

Pou youn ti moso demokrasi
Wachintonn fè Ayiti filalanng
Ala wachintonn chich papa!

2.

Konsèy elektoral malatyong
Konsèy elektoral zanmitay
Konsèy elektoral pwovizwa
Pou gouvènman pwovizwa

3.

Nan youn peyi
Kote pa gen jistis
Kriminèl se sèl wa
Pa gen maladi
Chaje ak lanmò!

4.

Odasye pase sa
ou pa ka wè la

5.

Koumanman!
Je gouvènman-an chèch
pase dezè sahara

6.

Gen jeni nan tout bagay
Minis fakto prezidan

BITS

1.

For a piece of democracy
Washington is teasing Haiti
How stingy Washington is, papa!

2.

Malathion's electoral council
Nepotism's electoral council
Provisional electoral council
For a provisional government

3.

In a country
Where there's no justice
Only the criminal is king
There's no sickness
It's full of Death

4.

More audacious than that
you won't find

5.

Omigosh!
The government's eyes are drier
than the Sahara Desert

6.

There's a PhD for anything
De Facto minister, president

senatè depite magouyè
Tout se jeni malfektè

7.

Lestomak chaje ak meday
Zepolèt chaje zetwal
jeneral brigadye
Kòmandan chèf tout bagay.
Adye frè!
Gwo non k'touye ti chen
Ti restavèk Wachintonn

8.

Mache, prese, kouri
Ane 92 la fatige ak ou
Pèp la ap tann ou an 93
Se vole w'a vole!

9.

Monseyè Devègonde
Li lè li tan
Pou w'al chante
youn libera nan titanyen
pou tout kadav inosan
Lame makout la jete bay chen

10.

Chanm nan santi wen
Palmantè pipi ladan-l
chanm lan santi ounk
konplotè bay dyare ladan-l
chanm lan tounen komòd lakomin

senators, scheming deputies
All have diplomas in crookedness

7.

Chests loaded with medals
Starry epaulettes
brigadier general
Commander-in-Chief of everything
What a shame, brothers!
It's the big title kills the little doggy
servant of Washington

8.

Get going, hurry, run
'92's tired of you
The people are waiting for '93
You're gonna get it then, really

9.

Monseigneur Pervert
It's high time
You go sing
a requiem in Titanyen
for all the innocent corpses
the macoute army threw to the dogs

10.

The Chamber stinks like a dirty asshole
Representatives piss in it
The Chamber stinks like an unwashed asshole
Plotters had diarrhea in it
The Chamber's become a public toilet

11.

Pami tout bèt ki konn ranpe
Politisyen Ayiti pote premye pri

12.

Pèp la konn gou dyòl li
Li chwazi manje li renmen
ou paka fòse-l manje merilan

13.

Gen mounn ki enbesil marasa
younn, paske yo sanble enbesil
De, paske yo aji an enbesil

14.

Magouyè chanje koulè
Pi rapid pase aganman

11.

Among all animals that crawl
Haitian politicians take First Prize

12.

The people know what they want
They choose the food they like
you can't force us to eat rotten dry fish

13.

Some people are imbeciles twice-over
one, because they look like imbeciles
Two, because they act like imbeciles

14.

Plotters change colors
Faster than a chameleon

YOUN FILOZOFI

Nan kwen Ridèfonfò ak Granri
Twa kokobe kanpe ap ri
Youn ri foli
Youn ri vivi
Youn ri rabi
Youn ri mati

Sou tèt youn pil fatra santi
Yo wè youn kadav k'ape ri
Se pou sa yo tou yo t'ap ri
Pou yo pa fin pèdi gou lavi

Ala youn FILOZOFI!

A PHILOSOPHY

At the corner of Rue des Fronforts and Main Street
Three cripples are standing laughing
A crazy laugh
A zombie laugh
A low-down laugh
A victim's laugh

Atop a pile of stinking trash
They see a dead body laughing
They're laughing over that as well
So they don't end up losing a taste for life

What a PHILOSOPHY!

RÈV

Yèswa nan dòmi
M'fè oun rèv
Oun bèl rèv
Oun gwo rèv
Oun rèv
Ki si tèlman rèv
Li prèske pa rèv

Yèswa nan dòmi
M'wè lavi
Ak dlo nan je
Nan goumen
Ak jeneral lanmò
Oun goumen wouj
Oun goumen san

Oun ti van soufle, flou...ou...ou
M'wè lapli tonbe
Oun gwo lapli lapawoli
Kote tout koze t'ap djayi
Zèklè lespri t'ap djayi
Pou l'te dechouke manti
Bay loray verite kale

Yèswa nan dòmi
M'wè mounn
Tonbe viv tankou mounn
Chak mounn
Viv pou tout mounn
Tout mounn
Viv pou chak mounn

Epi, tankou oun mirak
Dlo nan je lavi cheche
Lanmò met kò-l sou kote
Pou louvri baryè ba-l pase

DREAM

Last night in sleep
I had a dream
A beautiful dream
A grand dream
A dream
So much a dream
It's almost not a dream

Last night in sleep
I saw life
With tears in her eyes
In a fight
With General Death
A red battle
A bloody battle

A little breeze blew...ooa...ooa
I saw rain falling
A big rain of words
From which all speech was springing
And the lightning spirit cracking
To uproot the lies
And hatch the thunder of truth

Last night in sleep
I saw people
Starting to live as people
Each one
Living for everyone
Everyone
Living for each one

Then like a miracle
The tears in life's eyes dried
Death stepped aside
For the open gate to let life pass

Li lonje men pran Libète
Pou y'al fete
Pou y'al danse

Yèswa nan dòmi
Fèt la te byen pase
Lavi ak tete-l byen gonfle
T'ap simen siwo
Nan bouch envite
Oun siwo k'te gen gou siwo
Nan bouch chak mounn
Oun siwo k'te gen gou siwo
Nan bouch tout mounn

Yèswa...nan dòmi...
M'fè oun rèv
Oun bèl rèv!

And take Liberty by the hand
To go party
To go dance

Last night in sleep
The party was just great
Life with her swelling breasts
Was doling out syrup
Into the mouths of the guests
A syrup that tasted delicious
In the mouth of each one
A syrup that tasted delicious
In the mouth of everyone

Last night...in sleep...
I had a dream
A beautiful dream

MACHANN FRESKO

Kabwèt la t'ap sikile anba lalin
vire woule prese nan lari Pòsmachan

youn wou pi wo pase lòt li t'ap vanse
                Hawouwa pip-pip!
pouse kabwèt la machann!
ak youn blòk glas poze sou li
ansanm ak kenz boutèy siwo tout koulè
chaje kouleba ak mouch sou yo
                    machann papa!
gòj mwen sèk
lespri-m andelala
lavi-m fin kraze machann tanpri!
graje glas mete sou malè mwen
vide frechè sou youn gwo doulè m'gen
                  nan kè mwen
machann fresko souple!
mete seriz sou lapenn mwen
konsole kouraj mwen
m'se youn atis k'ap desine tras gèp panyòl
k'ap pentire mouvman zwazo nan syèl
                  machann Ohhhh!
menaj mwen kraze rak l'al kite mwen
sèvolan lanmou-m kase kòd yè oswa
kè-m grenn ou tande machann!
graje oun ti powèm pou mwen
vide siwo sou mo sa-a yo m'ap ekri la-a
fè powèm nan dous pou lektè m'yo
graje fraz ak silab seriz pou mwen machann!
fè powèm nan leve sou paj-la
fè l'chante sou fèy-la pou mounn ki gen lapenn
fè l'simaye limyè ak mo klere tankou solèy
                  sou paj la
fè-m fè youn rèv pwetik
pou m'sa grennen mo nan lekriti machann!
m'se gadyen youn trezò lapawòl

118

SNOWCONE VENDOR

the cart was circulating under the moon
turning rolling rushing through Post Marchand streets

one wheel higher than the other it was going along
                              huppity hup
push your cart, vendor
with that block of ice resting on it
and the 15 bottles of syrup of all colors
filled to the rims with flies
                        old man vendor!
my throat's dry
my spirit's screwed up
my life's all broken up so please, vendor,
shave some ice to put on my lousy luck
pour fresh air on the huge pain I have
                        in my heart
a snowcone, vendor, please!
put cherry on my sorrow
console my courage
I'm an artist who draws the tracks of Dominican yellow-jackets,
who paints the movements of birds in the sky
                        Ohhhhh vendor!
my girl's run off she's left me
the kite of my love broke its string last night
my heart's busted, you hear, vendor!
scratch out a little poem for me
pour syrup on the words I'm writing here
make the poem sweet for my readers
grate phrases with cherry syllables for me, vendor
make the poem lift off the page
make it sing on the sheet for people who are sad
make it spread light with sunshine-bright words
                              on the page
make me create a poetic dream
so that I sow words in the act of writing, vendor!
I'm a caretaker of a treasury of words

m'ap veye tout lasentjounen sou youn vil
ki fin kraze machann!

sèjan san sal ansasinen senserite-m
Lepap bay piyajè lakominyon san konfesyon
Monseyè Li Gwonde sitèlman kontan
li tonbe gouye nan syèl la
Sen Pyè rele bare vòlè bare Li Gwonde!
machann papa!
lalin ap fennen sou youn gòl nan lakou foumi
gen youn bann koukouy k'ap vire nan youn reyon mizik
e laplenn gonmye ansent pou solèy
      koute-m wi machann!
mounn ak maladi malkadi
al kache anba wozo anba wozo! anba wozo! anba wozo!
vant nou vid ap gwonde san esperans
trip nou ap rele anmweeeee!
      men malgretou machann
      nou la pè sèt!
      nou sou volan lavi-a toujou
      n'ap fè youn tablo ak figi lespwa
      e papiyon papye va pote zèv nou al montre yo
      paske wè pa wè machann!
      youn kantite kòk gagè gen pou chante nan
                  fenèt lavni nou
      lajounen pral leve sou youn branka doulè
                 men l'ap leve kanmèm
      l'ap leve alaganach machann!
      gen youn kabwèt limyè ki pral blayi la-a
              akote zye nou
      rale reyon solèy mete atè
      graje zetrenn pou malere
      graje kado pou Danbala Wèdo

gen youn kòk ki chante anba tonèl seremoni-an
ounsi-a di kadav la pral leve mezanmi!
Oungenikon-an ap trase oun trè anlè
             machann!

all day long I watch over a town
that's broken down

a sergeant with dirt for blood murdered my sincerity
the Pope gives looters communion without confession
Bishop Ligronde's so very happy
he's begun wriggling his hips in the sky
Saint Peter screams, Catch Ligronde the Thief!
old man vendor,
the moon is wilting on its pole in the courtyard of ants
there's a bunch of fireflies turning into a ray of music
and a ridge of birch trees made pregnant by the sun
        yes, listen to me, vendor
kids with epilepsy are hiding under reeds under reeds! under reeds!
                        under reeds!
our empty bellies growling hopelessly
our guts shouting Helllllpppppppp!
        but in spite of all, vendor,
        we keep on keeping on!
        we're always at life's steering-wheel
        we're making a painting with faces of hope
        and the paper butterfly will show them our actions
        because come what may, vendor,
        many fighting cocks must sing in
                the windows of our future
        the day's going to rise on a stretcher of pain
                but nonetheless rise
        surely it's going to rise!
        there's a wagon of light that's going to spread
                before our eyes
        pull the sun's rays out and lay them on the ground
        shave some New Year's gifts for the poor
        shave a gift for Damballa Wedo

there's a cock singing in the ceremonial bower
an initiate says the corpse will rise up, friends
an acolyte is drawing a line in the air!
                vendor,

vlope joujou joudlan pou tout sitwayen onèt
graje vag lanmè voye fè vil Jeremi kado
moulen mayi pou malè malere machann!
gen youn lasirèn k'ap vole nan mitan syèl la
kote mil-ui-san-kat bèl wosiyòl ap piyaye
tout toutrèl ap tralala la-a tou
wè pa wè machann!
mizik libète gen pou desann ak dlo rivyè
            al anvayi lavil
Ibo Nigo pral desann sou latè
dlo larivyè chaje ak kalinda pral netwaye lari
            wè pa wè!
tout pyebwa peyi-a gen pou tounen gita
tout lyann gen pou mare kòd e voye nòt anlè
pou tout mounn ak bèl lide sa pete chante
            tout chante lalibète!

wrap the New Year's toys for all honest citizens,
shave the sea-waves and send them as a gift to the town of Jeremie,
grind corn for the unfortunate poor,
there's a mermaid flying in the center of the sky
where 1804 beautiful nightingales are bargaining,
all the turtledoves are cooing as well
come what may, vendor
liberty's music must rise with the river
                    and inundate the town
Ibo Nigo is going to come down to earth
the river loaded with dances is going to clean the streets
                    come what may
all the trees of the land will be turning into guitars
all the lianas will be tying strings and sending notes upward
for all the people with great ideas to burst out singing
                    all the songs of liberty!

TÈKS XXX

se sa!
chire liv mwen nan bibliyotèk
mete dife sou non mwen
efase figi-m nan libreri
touye lonbraj mwen
se sa!

kraze glas la ak tout potre-m ladan-l
se sa monkonpè!

masakre memwa-m
bonbade souvni-m
se sa monkonpè!

tonnè mèt detwi syèl la
van mèt bwote vil Jeremi ale
lanmè mèt anvayi latè

wè pa wè
zèv mwen ap rete la tennfas!
    ke w-vle
    ke w-pa vle!

TEXT XXX

go ahead
tear my books up in the library
set my name on fire
blot out my face in the bookstore
kill my shadow
go ahead!

break the mirror with my image still in it
go ahead, brother!

massacre the memory of me
bombard my memories
go ahead, brother!

thunder can destroy the sky
the wind blow the city of Jeremie away
the sea invade the land

come what may
my writings will endure
      like it
        or not!

LAMADÈL

THE NEW GENERATION

LORAY KALE

lavi vle bwote-m
pinga
n' repwoche-m
si ren-m fin kase
se nan bwote
chay,
ala bagay,
depi-m ti katkat
ti konkonm ke rat
lavi ap boulvèse-m
m'se on loray kale

jou mwen louvri je-m
loray t'ap gwonde,
papa-m t'ap redi
ak biskèt desann
pòsyon ri Disant,
vwazin Sefora
ak kouzin Ti Da
yo te batize-m
ti loray kale

lè m'te konn mete
yon bonm pwa kreve
yo te la tou pre
k'te konn vin manje
sou sa k'bliye fanm,
men m'pa t'fè retyòt:
ti moso manje
fèt pou separe
ant loray kale

si m'te gen on chodyè,
dis kòb chalonè,
yon mamit mayi
moso lanmori

HATCHING THUNDER

life wants to carry me off
don't you dare
blame me
if my back is broken
it's from pulling
loads,
what a drag,
ever since I was a kid
a rat-tailed little slip
life's been screwing me over
I'm like thunder in the egg

the day I opened my eyes
thunder was growling
my father was straining
with muscle spasms in his chest
in the Center St. inn
neighbor Sefora
and my cousin Ti Da
baptized me
Little Thunder Hatching

when I used to put
a pot of beans on the fire
they were always nearby
those who came to eat
on the careless
but I would not rebel:
a bit of food
is made to be shared
among hatching thunders

if I had a pot
ten cents worth of shortening
a can of cornmeal
a bit of codfish

pou m'kore grangou-m,
kote pou m'jwenn sa
yo di-m sanzave,
se pou m'al djobe,
m'se on loray kale

leswa m'byen bouke,
lè pou m'al jouke,
m'blayi toutouni,
m'dòmi sou la di
sou yon vye bwa kraze,
di-m tanpri souple
si n'kwè m'kab reve,
si n'kwè m'kab chante,
m'twò loray kale

men jou vyen jou va
an nou rete la
malgre tout traka
se pa poutèt sa
pou n'pa sou pînga-n
krab mache krab gra
yon jou va vyendra
solèy pou klere
tout loray kale

to stop up my hunger,
but where can I find that?
they say I'm a tramp,
I should get a job
I'm too much thunder in the egg

nights I'm good and tired,
when it's time to perch
spread-eagled all naked
I sleep on the hard
broken-down wooden mat
tell me please
whether you think I can dream
whether you think I can sing
I'm too much thunder in the egg

but day comes and day goes
let's stop right here
in spite of all troubles
there's no reason
not to be on guard
the crab walks the crab gets fat
a day's gonna come
the sun's gonna shine
on all us hatching thunders.

PAPYE 8

Bout mi yo jòn
Tòl yo vòltije
Anba siklòn
Tablo nwa brize

Lò siklòn
Tim tim rete
San repons
Nan bouch timoun

PAPER 8

Chunks of wall are yellow
Sheetmetal roofs fly
Under the hurricane
Blackboards shatter

At hurricane time
Tim-tim* stays
Without answer
In the mouths of the children

*Tim-tim: traditional question
asked by the storyteller in Haiti.

PAPYE 18

Chante granrivyè
Ak soulye
Lan men
Chante chante
Chante granrivyè

Atibonit O
Konbyen fwa
Vanyan latè koupe fòs ou
Konbyen fwa
O! Atibonit
Chante granrivyè
Chante chante

PAPER 18

Sing, great river
With shoes
In your hand
Sing, sing
Sing, great river

O Artibonite
How many times
Brave people on earth have cut your strength
How many times
O Artibonite
Sing, great river
Sing, sing

PAPYE 33

Depi lapli
Pa vini ak van
Siyati chòvsouri
Chaje mi prizon

PAPER 33

As long as the rain
Doesn't come with wind
The prison walls are covered
With the signatures of bats

PAPYE 43

Tande bri bòt yo
Tande timoun
Sa fè lontan
N'ap tande bri sa yo

An nou pran avyon
An n'al bat fredi
An n'al mouri
Nan lòt peyi
Lwen lafanmi

Tande bri bòt yo
Timoun tèt mwen pati
Se yon rèv
M'te vin esplike

Tande bri bòt yo
Nan rèv la
Ou ta di se bòt
Meriken
Poutan se bòt peyi
Sou asfalt la

Tande bri bòt yo
Ou ta di bann zobop
Tank yo lwen
Tank ou tande yo

Tande bri bòt
Sou zantray
Yon pèp
Ou kwè se pa
Bòt ameriken
Mele ak bòt ayisyen

PAPER 43

Listen to the sound of their boots
Listen, children
It's been a long time
We've been hearing that sound

Let's take a plane
Let's go suffer the cold
Let's die
In another country
Far from family

Listen to the sound of their boots
Children, I'm out of my head
It's a dream
I've come to explain

Listen to the sound of their boots
In the dream
It seemed like
American boots
But they're native boots
On the asphalt

Listen to the sound of the boots
It seems like a band of zobops
The further away they are
The better you hear them

Listen to the sound of boots
On the stomach
Of a people
Don't you think
They're American boots
Mixed with Haitian boots

An n'netwaye
Bonnanj nou
Anvan n'al file
Manchèt yo
An n'potekole
Anvan n'al krazebrize

Tan Peralt
Ak tan jodi
Se lalwa ak myèl
Pou longè rèv mwen

Let's clean up
Our soul
Before we sharpen
The machetes
Let's pull together
Before we go destroying

The time of Peralte
And these times now
Are aloe and honey
All my dream long

nan DEZAFI

Yo rache koupe lang dyòl alèlè.
                     Pawòl kloure lan gòj-nou.
Lan dòmi long, youn lame rat mòde-soufle
zòtèy-nou, zòrèy-nou, dwèt-nou, po bouch
nou. Tèt mò griyen dan dèyè pòt.
            Yo moulen-kraze zo-nou miyèt-moso
                          yo krache lan men-nou,
Konbe rezon plamen kenbe?
                     Sonje demen.
Nan lakou plètil, nou tande tout kalite son.
Bon son ak move son depaman. Moman mizik
frape, nou bliye fè triyay.
Soflantchou leve chita. Li gade anwo; li
gade anba. Tèlman li grate, kò-li bade bousòl.
Manigèt pa pran toulejou so pitimi sangadò.
Pale nonplis pa sifi pou jwenn sekrè lavi. Si
lide-nou ak rèv-nou ta vle mouri, si kouray-
nou ap tchoule, fòk nou aprann voye bras
anba lanmè.
                     N'a soufle pi lwen.

Manje ap toufe sou dife; yo koupe-nou
kout je. Apeti fèmen lan trip, brase lestomak
al danse lan mwèl tèt. Youn jaden pat
men peple rèv-nou.

Lavalas pou neye vè lonbrit pouri.

Nou vare sou lonbray-nou. Memwa-nou
bade kwa.
Memwa-nou bade klou. Memwa-nou krisifye.

Plòt cheni makònen lan branch bwa.
Nou panko wè limyè papiyon poze sou flè.
Tanzawòt, nou bite sou chouk bwa lan fènwa.

142

from COCKFIGHT MARATHON

They tear Alele's tongue out.
               Nail speech to our throats.
Along the length of sleep, an army of rats blows and bites
our toes, our ears, our fingers, our
lips. Death's head grins behind the door.
        They grind our bones into bits
               they spit into our hands.
How many reasons does the palm hold?
            Remember tomorrow.
In the courtyard of "yes?" we hear all kinds of sounds.
Good sounds and discordant ones. The moment the music
hits, we forget to sort them out.
Soflantchou sits up. Looks up, looks
down. He scratches so much his body's covered with bumps.
Schemes don't work every day on the abandoned child.
Neither is speaking enough to reveal life's secret. If
our dreams and ideas should want to die, if our courage
is to kiss-ass, we'd better learn to breast-stroke
underwater.
               We'll rest later on.

The food is simmering on the fire; they slit their
eyes at us. Appetite locked in the guts stirs the stomach
to dance in the skull's marrow. A garden of open
hands peoples our dreams.

The flood is for drowning the worm of the rotting navel.

We attack our shadows. Our memories
smeared with crosses.
Our memories studded with nails. Our memories crucified.

A ball of caterpillars is tangled on a tree-branch.
We haven't seen the light of butterflies resting on flowers yet.
From time to time we stumble on stumps in the dark.

Nuit-la pwès; nuit-la kòryas. Mentou, espwa-
nou sere lan fon kè-nou.

Youn lalin grimèl ap balize dèyè mòn; li
fouke youn touf nwaj san ganson.

Chak swa, nou lòyen zetwal.

The night is thick, the night is tough. But still our hope
is kept safe in the depths of our hearts.

A high yellow moon is rising behind the hill; it
grabs a tuft of naked trouserless cloud.

Each evening we eye the stars.

TANBOU-A PALE

tanbou-a pale
Ti-Roro fè
tanbou-a pale
nòt yo leve
yo mache
y'al sote
sou Sò Yaya

yo rantre
nan kòlèt li
yo jwe anba vant li
teke zantray li

Sò Yaya
alèkile
avèk de bra-l anlè
k'oun pè k'ap preche
kòmanse gouye

pli nan vant li woule
kou vag sou lanmè
souf li kou timoun
k'ap sote kòd

lò mizik la fini
figi Yaya w'a di
oun fanm ki
fèk fin fè lanmou

TOM-TOM TALK

that tom-tom talked
Ti-Roro made
that tom-tom talk
them notes got up
walked around
an' jumped on
sista Yaya

they went through
her collar
played with her middle
tickled her guts

sista Yaya then
with both arms
up and out
like a preacher preachin'
started twistin'

folds on her belly
rolled like waves on the sea
she panted gasped choked
like children jumpin' rope

when the music stopped
Yaya's face looked
like that of a lover
who's done had some lovin'

YO DI

Yo di
san kretyen
enrichi
latè

Si sete vre
Si sete vre
mezanmi

ala diri
pitimi
ak mayi

ki ta genyen
lan peyi
D'Ayiti

THEY SAY

They say
human blood
enriches the soil

If it were so
if it were so
my friends

rice millet and corn
would be plenty
in Haiti

TENÈB

Se lan ri St. Honore
tape-a kòmanse
ri Reyinyon reponn

toupatou
se kowkow
kowkow

timounn granmounn
travayè lokatè
chofè faktè

komèsan chalatan
abitan dirijan
tout ap tape

yo tape
sanrete
yo tape jous

Bondye
    lan syèl la
        tande

TENEBRAE

On St. Honore Street
the knocking started
Reyinyon Street answered

Everywhere
it was kowkow
kowkow

youngsters oldsters
workers renters
drivers mail carriers

storekeepers impostors
commoners directors
all were knocking

They knocked
nonstop
they knocked until

the Good God
      above
           heard them

LESEPASE

Bri zorye-a fè-m leve
bri cheve-w lan rèv mwen
bri je-w anndan kè-m
bri pye-w lan sèvo-m
bri tout kò-w
sou do-m
Mache pitit!
Mache sou kay la jan ou pito!
Kite lalin ede-w janbe-m
kite lorye jwenn wout cheve-w!
Mache pitit!
Mache sou kay la jan ou pito!
Pa kite pyès mounn kontrarye-w!
Fè-m santi pye-w lan fondasyon-m!

PERMIT

The noise the pillow makes wakes me
the noise of your hair in my dreams,
the noise of your eyes in my heart,
of your feet in my brain,
of your whole body
on my back
Go on, sweetie!
Walk on the house any way you want!
May the moon help you walk over me,
may the oleander find a path in your hair!
Go on, sweetie!
Walk on the house any way you prefer!
Don't let anyone oppose you!
Make me feel your feet in my very foundation!

FLANM

Seneryen!
–Eti papa.

–Seneryen pitit mwen
Pa kite dife-a mouri
tanpri souple
Soufle, soufle
Pou ti flanm lan rete limen

–Wi papa.

Seneryen!
Eske lapousîyè leve?
Eske kòk douvanjou chante?

–Non papa.

Seneryen pitit mwen
Mwen tande bri pye nan lakou-a
Mwen tande oun pye
Mwen tande de pye
Mwen tande youn lame pye
Eske lapousiyè leve?
Eske kòk douvanjou chante?

–Non papa.
Se bri bòt sanlye
Se bri chat sou lantouray
Se bri chen k'ap wouke

O Seneryen
Chimen nou bare
Pon kraze
Mwen cho
Mwen frèt

FLAME

Seneryen!*
—Yes, Papa.

—Seneryen, my child
Don't let the fire die,
please
Blow, blow on it
So the little flame stays lit

—Yes, Papa.

Seneryen!
Has the Big Dipper come out?
Has the cock of the dawn crowed?

—No, Papa.

Seneryen, my child
I hear the noise of feet in the yard
The noise of a footstep
Of two feet
Of an army of feet
Has the Big Dipper come out?
Has the cock of the dawn crowed?

—No, Papa.
It's the noise of seven-league boots
It's the noise of the cat on the fence
It's the noise of the dog barking

O Seneryen,
Our way is blocked
The bridge is demolished
I'm hot
I'm cold

155

Mwen pouse zèl
Mwen ta pete pòt
Mwen ta pete fenèt
Mwen ta vòltije anlè
Mwen ta pran lanmè!

–Non papa
Lapousiyè pankò leve
Kòk douvanjou pankò chante
Soufle soufle
Pou ti flanm lan rete limen.

I'm sprouting wings
I'd like to break down the door
I'd like to smash the windows
I'd like to jump high up
I'd like to take to the sea!

−No, Papa
The Big Dipper hasn't risen yet
The dawn cock hasn't yet sung
Breathe breathe
For the little flame in the dying light.

* Seneryen literally means it's nothing or
without importance.

JÒJINA

Jòjina
pa kriye
pa kriye pou mò ki pati
san chapo
youn jou lavalas lanmè
 a voye yo tounen.

Mwen bouke chante kantik
Mwen bouke antere mò
Tout zo kòt peyi Dayiti fin griyen
Nan koupe bwa pou fè sèkèy...

Mwen tande
Rigobè ap trepase anba maladi
Mwen tande
Gayetan ap kòde anba youn tranchman vant
Mwen tande
doktè preskri move medikaman

Pa kriye Jòjina
Pa kriye!

Pa kriye pou mò ki pati
san chapo
Youn jou lavalas lanmè
Ap voye yo tounen.

Mwen tenyen tout bouji
Mwen kraze tout ti lanp
Mwen bouke antere mò
Se viv mwen vle viv

Pa kriye jòjina
Li fè ta
Mwen tande youn ti zwezo k'ap chante
Tou piti dèyè kay la....

GEORGINA

Georgina
don't cry
don't cry for the dear departed
dead
one day the flood-tide will send them
back.

I'm tired of singing hymns
Tired of burying the dead
All the ribs of Haiti are showing
From cutting trees to make coffins...

I hear
Rigobé is dying from sickness
I hear
Gaetano is writhing with stomach cramps
I hear
that doctors are prescribing bad medicines

Don't cry, Georgina
Don't cry!

Don't cry for the dear departed
dead
One day the flood tide
Will send them back

I put out all the candles
I smash all the little lamps
I'm sick of burying the dead
It's life I want to live

Don't cry, Georgina
It's late...
I hear a little bird singing
Very softly behind the house...

M'CHOUKE

M'pa janm mande-m poukisa m'ret isit?
Tankou m'pa mande-m poukisa m'respire,
m'dòmi,
sa k'fè m'pale jan m'pale ya?

Alepouvini,
poukisa m'ret isit?

Se petèt gen youn mòn yo rele mòn La Sèl,
youn chemen yo rele Kat Chemen
ou byen paske pa gen anpil lekòl,
paske gen youn dlo yo rele Latibonit,
youn zwazo yo rele Madan Sara,
ou byen paske pa gen lopital ase,
paske gen youn ri yo rele ri Mirak,
youn flè yo rele flè dizè
ou byen paske gen anpil moun ki lan fènwa.

Tout jan ou vire-l, poukisa m'ret isit?

Paske FMI depatya-n, digonnen-n, degrennen-n,
pije-n,
paske youn gad touye youn etidyan Plas Kapwa La Mò,
paske peyi ya tounen youn yoyo, youn lamadèl,
youn kè yanm san kouto.

Men m'rete
paske gen youn pye bwa m'renmen sou wout Grandans
youn solèy ki p'ap chare solèy,
paske gen youn fanm yo rele Emeline Michel,
youn kò tanbou ki pa janm rete
paske gen youn chèf yo rele Desalin,
paske wè pa wè
gen youn pèp ki vle louvri lavi

I'M ROOTED

Do I ever ask myself why I live here?
Like do I ask why I breathe,
or sleep,
or speak the way I speak?

Come to think of it
why do I stay here?

Maybe because of that peak they call Morne La Selle
that road they call Four Roads
or because schools are few,
because of a river called the Artibonite,
a bird called Madan Sara,
or else because hospitals are lacking,
because of a street they call Miracle Street,
a flower known as 10 o'clock
or maybe because there are so many people staying in darkness.

Any way you look at it, why do I stay?

Because the IMF* jerks-pokes-squeezes us dry,
divides us,
because a cop killed a student at Capois-la-Mort Square,
because the country turned into a yo-yo, a wandering around,
the heart of a yam without a knife.

Still I stay
because there's a tree I love on the road to Grand'Anse,
a sun which doesn't play at being the sun
because of a woman by the name of Emeline Michel,
a chorus of drums which never stops,
because of a leader named Dessalines,
because right or wrong
there's a people who want to open life up.

*IMF: the International Monetary Fund

KONSTA

Nan peyi-m
Gen de mo k'rak
Mango wòwòt
Gen de mo k'rat
Mòde soufle
Gen de mo k'rasi
Si w'konn tablèt lakòl
Move lavant
Nan bak machann kenkay

RESULT OF AN OBSERVATION

In my country
Some words are bitter-sweet
Never-to-ripen mangoes
Some words are rats
Biting sniffling
Some words are stale
If you know the sticky praline
Of a bad sale
Off a street-hawker's tray

TI BO LANMOU

(Pou A-F. L.)

Solèy kouchan
Ti bouch ou
K'ap pentire
Syèl grenn je-m
Fè dan-m sirèt sirèt
Nan dan-w
Fè dan-w sirèt sirèt
Nan dan-m
Fè mwen dòmi
Nan bra-w
Fè ou dòmi
Anba-m

LITTLE LOVE KISS

(For A-F. L.)

The sun's lying down
Your tiny mouth
Which paints
The sky in the seeds of my eyes
Makes my teeth sensitive
In your teeth
Makes your teeth sensitive
In my teeth
Makes me fall asleep
In your arms
Makes you fall asleep
Under me.

SI W-VLE

Chak fwa mwen wè-w
Toujou gen youn bagay
Ki pou ap satiyèt gason kanson-m...

Lè se pa tete-w
K'ap fè *"tidifevole"*
Douvan je-m
Se dyòl dore-w
K'ap fè jwisans mwen filalang (...)

Si w-vle
Youn jou
M'ka pran tan-m
Pou m'chante lamès
Nan douvanjou-w.

Chak fwa m'kwaze-w
Ou ta di w-fè espre
Pou w-reveye "lechakidò"
Chwal bosal mwen...

Lè se pa deranchman-w
K'ap rele *"ladouskivyen"*
Pou machann kenèp mwen
Se bonbon beni-w
K'ap fè bouch lakansyèl mwen
Kouri dlo (...)

Youn jou
Si w-vle
M'a layite nòt mizik
Kò pa-m
Sou pyano toutouni kò pa-w.

166

IF YOU WANT

Every time I see you
You always have something
That tickles the crotch of my pants...

If it's not your tits
Making "sparks fly"
Before my eyes
It's your gilded pout
Sticking its tongue out to tease me...

If you want
One day
I can take my time
And sing a mass
Into your daybreak

Every time I cross your path
It seems you purposely
Get my "sleeping cat,"
My wild horse, stirred up...

When your hip-swing
Isn't calling out, "sweets are coming"
To my tray of goodies
It's your blessed bonbons
Making my mouth of rainbows
Water...

One day
If you want
I'll display the musical score
Of my body
On the naked piano of yours.

PANNO KAY NAN BWATCHENN

Panno kay nan Bwatchenn
se silabè dore:
Paris-Match, New York Times,
Confidences, Nouvelliste

> Altagras
> nan vire voye-l
> chache lavi, woy!
> zòtèy li antre tyoup
> nan je Brijit Bado

Brijit Bado, men pa-w!
Brijit Bado, men pa-w!
w-a sispann foure je-w nan zafè moun!
w-a sispann foure je-w nan mizè moun!

Altagras
nan mete pwòpte
pou merin kò, woy!
touye oun ravèt, blach!
sou do Lamezonblanch

Lamezonblanch, men pa-w!
Lamezonblanch, men pa-w!
w-a sispann foure je-w nan zafè moun!
w-a sispann foure je-w nan mizè moun!

THE WALLS OF BOIS-DE-CHENE SHACKS

The walls of Bois-de-Chene shacks
are glittering syllabi:
Paris-Match, The New York Times,
Confidences, Le Nouvelliste

> Altagrace
> in a whirling dance
> seeking life, wow!
> her toe-kick gets stuck in
> the eye of Brigitte Bardot

Take that, Brigitte Bardot!
Take that, Brigitte Bardot!
so that you stop sticking your nose in others' business!
so that you stop sticking your nose in others' misery!

Altagrace
in her house-cleaning
for the marine corps, yow!
kills a cockroach, splaat!
on the back of the White House

Take that, White House!
Take that, White House!
so you stop sticking your nose in others' business!
so you stop sticking your nose in others' misery!

POWÈT LA

Vwa tanbou tanmen deplòtonen:
Pidimpop
Pidimpop
Pidimpoppop
Pidimpoptobodop
pi wo degre, pi wo degre.
Yon sèl kout zeklè.
Yon grenn kout loray.
Lokoto fè kwan
pawòl natif-natal
al donnen
jouk nan Ginen.

Lespwa
pran koulè anba vant solèy.
Lalin fèk fin bwè dlo
nan tèt sous limyè.

De gwòg dèyè tèt mwen
pou m'al koresponn
ak lamizè.

De frap Asòtò
pou gaye pawòl la
nan kat pwen kadino.
De kout raso nan kalfou minui
pou reveye tout zonbi lan dòmi.

De kout kòn lanbi
pou tanmen rasanbleman
tout nèg vanyan
met lawouze douvanjou.

Tout sanba reponn dyanm:
AYIBOBO! AYIBOBO!

THE POET

The voice of the drum slowly unravels:
Pidimpop
Pidimpop
Pidimpoppop
Pidimpoptobodop
louder and louder.
A flash of lightning strikes.
The thunder echoes back
and carries the voices
of the natives all
the way to Guinea.

Hope sends up its colors
under the belly of the sun.
The moon's just quenched
its thirst at the source of light.

Two belts of booze to the back of my throat
so I can stand up to misery.

Two whaps on the Assotor
to spread the news to the 4 corners
of the world.
Two whipcracks at the midnight crossroad
to wake all the sleeping zombies.

Two blasts of the conch-shell
to start summoning
all the brave men,
those first-light masters of the dew.

All poets wail in response:
AMEN! AMEN!

ORIZON KÒS FIZI

Istwa peyi-m nan
chak may chenn ki nan
pye estati an kuiv boukmann lan
k'ap konstate yon vil pousyè
nan kòtòf kalfou dezespwa
kote bouji kòlè boule
nan plamen ki fatige.

Nwaj chabon fè limyè
pran dèy, Nonm avèk gwo siga-a
kanpe devan yon miwa nwa
nan palè nasyonal pou l'vòlè rèv
trankilman. Aprè pou li lèse wòch
ak pousyè k'ap viwonnen pou nou.

Blòk glas kochma pral fonn
nan sèvo-n ki prizonnen pandan
n'ap peleren anba orizon kòs fizi,
bout baton ak chenn.

Youn aprè lòt, nou kòmanse
deplase lonbraj nou
anba kaj dife.
Gen yon lòt gason nan glas la
li kenbe yon revèy k'ap mache
tankou yon souf devan lanmò.

Je-l ak pimba plamen-l
ap chache rèv nou ak fòs.
Solèy la kòmanse fonn nan dengonn
nwaj andèy pou l'tabli avi yon klète midi.

HORIZON OF GUNBUTTS

The history of my country is
in every link of chains
at the foot of Boukman's copper statue
overlooking a dusty town
at the depth of despair
with candlelights of anger
burning in every tired palm.

Low black clouds convert light
into darkness, the Man with a fat cigar
stands in front of the black mirror,
at Palais National where he plunders dreams
silently. Leaving only rocks
and drifting dust behind.

The icebergs of nightmares are melting
in our imprisoned minds as we journey
along the horizon of gunbutts,
sticks and chains.

One by one, we are starting
to pull our shadows away
from burning cages.
There's a new man in the mirror
he holds a clock which is slowly ticking
like a dying breath.

His eyes and fat hands are
desperately searching for our dreams.
The sun is slowly conquering low black clouds
to establish a permanent noon.

REFIJYE

Yo pati pou chache lavi.
Men yo pimpe yo tounen sou po ze.
Akwak sa, yo kontinye pran kanntè
pou yo akoste kò yo.

Yo vwayaje sou kannòt ki kole ak krache,
yo pran vòl sou zèl èg
e gen kèk ki kache anndan vant labalèn
pou chape mak dan bèt fewòs.

Bò isit, sou latè moun dekonstonbre
e fatige, dam libète bo
zye yo jantiman avèk kouwòn
pikèt li an, libète bwè san.

Nan kan konsantrasyon Kwonm nan Mayami,
Yo chita tann avèk zye yo ki fikse
sou orizon-an, lanmè-a, lalin-lan
ak syèl misterye k'ap kriye boulèt.

Lèswa yo pran rele
tankou lou e yo mòde
bawo fè
kote libète kanpe toutouni.

Yo kanpe gade kote lamnè rankontre syèl,
y'ap devine kilè libète
pral sispann fè bouch
dezespere yo lasisin.

Nan labrim diswa, avan y'al depoze
kò yo sou zo matla ki layite
anndan kalòj pijon, yo pran fikse
rèv yo ki antere nan sèkèy libète.

REFUGEES

They came in search of hopes.
But were sent back on egg shells.
Yet, they kept coming
to anchor their souls.

They navigate on paper boats,
they fly on eagles' wings
and some hide inside bellies of whales
to escape teeth marks of archaic beasts.

Here in the land of the wretched
and the tired, Lady Liberty kisses
their eyes with her gentle
spike crown, freedom drinks blood.

At Krome Concentration Camp in Miami,
they sit and wait looking ahead
at the horizon, the sea, the moon
and the mysterious blue sky crying bullets.

At night they scream
like wolves and bite
into iron bars
where freedom stands naked.

Looking at where the sky meets the sea,
they wonder when freedom
will stop teasing
their desperate mouths.

At nightfall, before dropping
their bodies on bare mattresses
inside pigeon cells, they stare
at their dreams buried in freedom's coffin.

LAME DRAKILA

Tout lougawou abite la-a
nan yon zile demi mò.
Yon lame vanpi
pran chase demonstrasyon
avèk tank dyabolik
k'ap kannale desann
sou boulva *Jean-Jacques Dessalines*
pou manje timoun
k'ap eseye chante.
Fènwa anglouti-m
e gen yon kòlpòt k'ap griyen
dan-l nan vale yo.
Mwen pran sant pise nan pousyè
paske lanmò se kadans tè-a.
Li poko minui
e syèl la gentan pèdi lalin li
mwen tande rapas k'ap rele
nan flan zosman san chè.
Nan zile mò an vakans sa-a
revolvè zenglendo
estomake lanmò
epi l'krache san.
Mwen toujou tande kòlpòt la
k'ap griyen dan-l avèk yon son
dyòl k'ap moulen zo san rete.
anndan kazye elektoral
sòlda pote lanmò
sou miray bouch yo
zam jwe balad
e kòs fizi soufle figi
jiskaske larivyè san koule.

ARMY OF DRACULAS

All the monsters live here
on this half-dead island.
An army of draculas
haunting street demonstrations
with diabolical tanks
roaring down
Jean-Jacques Dessalines Boulevard
to eat children
who dare sing.
I see darkness all around
and hear a hawk's laughter
ringing in the plains.
I smell urine in the dust
for death is the rhythm
of the ground.
It is not yet midnight
and the sky's empty of the moon
I hear wolves wail
and hours creaking
past dead bones.
On this half-dead island
the rifles of Zenglendos*
stare death in the eye
and cough blood.
I still hear the hawk's laughter
and a constant crunching of bones.
Inside election booths
soldiers carry death
in their mouths
rifles play ballads
and gunbutts slap faces
until blood river flows.

*Zenglendos: right-wing paramilitary

ZONBI LEVE

Depi m'piti y'ape toufe mwen
Yo pran-m, yo foure-m nan yon barik
Ki twò piti pou mwen

Yo foure-m nan sabakann
Yo toufe-m tankou mango
Yo toufe-m tankou bannann

Yo refize kite-m ouvri bouch mwen
Pou m'eksprime sa mwen panse

"Ou pa gen lapawòl, se timoun ou ye"

Men lè m'mache m'al gade
Mwen wè se tout moun ki sou kote-m
Ki nan menm eta sa-a avè-m

Yo antere-n tou vivan
Yo toufe-n nan tè-a
Tankou esklav te fèmen nan jaden kann

Lè se pa rigwaz papa
Pou fè-m mache SS
Se fizi tonton makout
K'ap gestapo, k'ap SD nou

Men maten-an mwen leve
Ak sèl sou lang mwen

Pa gen anyen ki ka anpeche-m pale!

ZOMBIES ARISE

Since I was a kid they've been choking me
They grab me, they stuff me into a barrel
Too small for me

They stuff me into a dart-gun
They squash me like a mango
They squash me like a banana

They refuse to let me open my mouth
To speak my mind

"You got nothing to say, you're a kid!"

But when I'm walking I'm looking around
I see everyone at my side
Is in the same fix as me

They're burying us all alive
They're stuffing us in the earth
Like slaves locked up in a canefield

When it's not a horsewhip, papa,
Making us walk a straight line
It's a tonton macoute gun
That gestapoes or SDs* us

But this morning I wake up
With salt on my tongue

Nothing's gonna stop me from speaking out!

*SD is Duvalier's secret police.

Mwen di li lè pou yo sispann
Toufe mwen, toufe nou
Mwen di li lè pou tout zonbi

Leve!

I say it's time they let up
Choking me, smothering us
I say it's time all zombies

Arise!

KOUT POUD DESOUNEN

Desounen poud desounen
Yo badinen figi peyi nou ak poud desounen
Yo simen poud desounen nan tout syèl peyi nou
Yo kouvri tout ti fèybwa ak poud desounen
Tout branch bwa tout rasin bwa ak poud desounen
Desounen poud desounen
Yo mare machwè peyi nou ak poud desounen—

Desounen poud desounen
Yo poudre anbazèsèl peyi nou ak poud desounen
Yo simen poud desounen nan tout chimen peyi nou
Yo kouvri tout tèt mòn ak poud desounen
Tout manman plenn tout lakou bitasyon ak poud desounen
Desounen poud desounen
Yo mare nou de bra dèyè ak poud desounen—

Desounen poud desounen
Yo badijonnen pati entim peyi nou ak poud desounen
Yo simen poud desounen nan tout sous dlo peyi nou
Yo kouvri tout ti tizon dife ak poud desounen
Tout ti zètwal tout ti lalin ak poud desounen
Desounen poud desounen
Yo chatre peyi nou ak poud desounen—

Desounen poud desounen
Yo maspinen solèy peyi nou ak poud desounen

ZAPS OF ZOMBIFYING POWDER

The powder!
The zombifying powder!
They smear our country's face
With zombifying powder
They scatter it in the skies of our land
It covers all leaves
And all branches
And all the roots of our trees
Zombifying powder!
They clamp our land's jaws shut
With zombifying powder...

The powder!
The zombifying powder!
They fill our country's armpits
With zombifying powder
They scatter it over all roads
and all mountain-tops
Over all plains
And all farmyards
Zombifying powder!
They're tying our arms behind our backs
With zombifying powder...

The powder!
The zombifying powder!
They're smearing our country's genitals
With zombifying powder
They're pumping it into our waterholes
They're covering our kitchens' embers with zombifying powder
And our stars and moons
They're castrating our land
With zombifying powder...

The powder!
The zombifying powder!

Yo simen poud desounen nan nawè je tout Ayisyen
Gro kout poud desounen rann avèg
Tout nèg tèt lespri
Tout nèg je klere
Tout nèg vanyan gason
Desounen poud desounen
Yo vòlè nanm nasyon nou ak poud desounen...

They're smearing the sun of our land
They're rubbing it into our eyeballs
Deadly zaps of zombifying powder
They're blinding all our great minds
All our wide-open eyes
And all our brave men
They've stolen the nation's soul
With the zombifying powder!

KOUT KREYON GRANMOUN

Yo konprann m se bèt nan dlo
Yo rele m krab—
Yo konprann m se bèt nan bwa
Yo rele m zaryen—
Yo konprann m gen grif ak dan
Yo rele m chat—
Yo konprann m se ti inonsan
Yo rele m ti chouchoun—
Yo konprann mwen pou vann
Yo rele m konmisyon—
Yo konprann mwen renmen ti jwèt manyen
Yo rele m chòbòlòt—
Yo konprann mwen gwo kouwè bobori
Yo rele m bobo—
Yo konprann m chaje ak siwo blanch dous
Yo rele m siwo dòja—

Yo ban m tout kalite non.
Mwen vire lòlòy yo vre!

STROKES OF AN ADULT'S PENCIL

They think I'm an animal in the water
They call me crab—
They think I'm an insect in the woods
They call me spider—
They think I have claws and teeth
They call me cat—
They think I'm a little naïf
They call me dumb-ass—
They think I'm for sale
They call me commission—
They think I love the game of touchy-feely
They call me pussy—
They think I'm big like a thick cassava cake
They call me quim—
They think I'm loaded with sweet white syrup
They call me twat—

They give me all kinds of names.
I really turn their square heads around!

DESTEN NOU

Desten nou
Se pa pou nou fini mal
Genyen kretyen vivan
Ki pase plis tray pase nou
Nou pa genyen volkan
Pou kankannen nou
Nou pa twò lou pou lanmè
Li ta vale nou depi lontan
Nou pa genyen douz tribi
Lakay nou genyen mòn dèyè mòn
Men pa genyen dezè
Kote lanmò sèl mèt sèl mètrès
Jou nou resi pase yon nekouran
Dèyè kòn towo yo rele pwogrè
Nou kapab akwe li
Nan poto mitan nou
Pou li gwòs
Tout pwochenn jenerasyon manman bèf

OUR DESTINY

Our destiny is not
To have an unfortunate end.
We do not have volcanoes
To broil our slopes.
We're not too heavy for the sea.
We don't have twelve tribes.
Our hills shadow other hills
But we have no Death Valleys.
The day we place our lasso
Around the horns of the bull
Called Progress
We shall chain it, chain it
To our totem post
To fornicate with all coming
Generations of cows.

SA FÈ LAPENN

Sa fè lapenn.
Sa fè lapenn pou m'wè
Pitit Soyèt ape dechire
Pitit Sara.
Sa fè lapenn pou m'wè
Pitit Manwèl kouri
Jete sèpant,
Kraze rak lantouray nago
Pou y'al viv sou mizè kako.
Wi! Sa fè lapenn!
Sa fè lapenn pou m'wè
Bouki ak Malis pèdi
Kay Donaldòk.
Sa fè lapenn pou m'wè
Zòt ape manje dòb ak woti
Alòske pitit kay
Ape vale bal.
Sa fè lapenn
Sa fè lapenn.

Ban-m youn te kanmizòl.

IT MAKES ME SAD

It makes me sad.
Makes me sad seeing
Sister Yet's kid tearing at
Sara's kid.
It makes me sad seeing
Manuel's kid running
Throwing away farm tools
Crashing through the boss' fence
To live the misery of a guerrilla.
Yeah, it makes me sad!
Makes me sad seeing
Bouki and Malis lost
In the house of Donald Duck.
Makes me sad seeing
Others eating beef-stew and roast
While the kids at home
Are swallowing bullets.
It makes me sad.
Real sad.

Gimme a ghost-dance tea.

LANNG MANMAN-M

(Pou Feliks Moriso-Lewa)

Van vante nan ti chimen
Desann wete chalè,
Chalè gran chimen
Chalè gran lizyè.
Van vante nan gran chimen
Maske koulè wanganègès
Dechire pwèl zèl
Vwa manman-m ban-mwen.
Lè l'lè pou l'pase
Pil plòt kwasan chèche
Pye nèg Ginen
Ake voum panyen chagren
Wosîyòl kale boul je-li
Gwo jounen pye lasigal kase
Ake jaden kreyòl madichon
Anba tonnèl zobop pichon.
Pran kouray, pa kwè vye frè;
Ti tak lajwa nan gòdèt kè
Kokobe grangou twa jou
Pouvwa nèg bakoulou.
Nan kannal koridò kè-m
Chante lanng manman-m fè-m
Toupizi jèm mikròb zòt
Toupizi jèm mikròb zòt
Anba fèy twa kalòt.

MY MOTHER TONGUE

For Felix Morisseau-Leroy

The wind blows along the trails
Coming down to take away the heat,
Heat from the big roads
Heat from the open spaces.
The wind blowing along the big roads
Masks the colors of the hummingbird
Tearing at the feathers of its wings,
At the voice my mother gave me.
When it's time for it to happen
A pile of turds aims to break
Strong Haitian legs
With their many baskets of sorrow.
The nightingale opens its eyes wide,
In broad daylight the cicada's legs break
With the Creole garden cursed
Under the bower of the zobop jinxes.
Be strong, don't believe the old buddies;
A drop of joy in the heart's tin-cup
Can cripple the three-day-old hunger
Of the con man's power.
In the hallway drain of my heart
Sing in my mother tongue, make me
Squash the microbes of the others,
Squash the other microbe germs to death
Under the "Three Slaps" leaf.

SA N'FÈ

Li fè nwa kon lank,
Kon lanfè dèyè simityè.
Je-nou tout kale,
Nou konprann nou wè
Bwat sèkèy lamizè.
Bann tande-n ouvè,
Nou paka sonde
Kout mato bann zonbi
Sou sèkèy malere.

Pèlen zòt fè!
Pentire vèvè,
Sida fè kenken.

Efase-l w-a wè
Yoyo jwèt zot fè.
Kondane-n; nou Tinèg
Sa n'fè?
Frè-n ap fouye tè
Antere-n je klè,

Zonbifye losyè pou n'wè
Bout limyè
Ti kras lespwa fè.
Kale sendenden sou falèz
Kalvè nèg blan fè
Men nou nan machwè-n
Sou chèf diktatè,

Toupi jwèt zòt fè.
Youn layo zafè
Vannen bab panyòl
Vòlè fè fòfè

WHAT HAVE WE DONE

It's black as ink,
Like hell behind the cemetery.
Our eyes all wide-open,
We think we see
Misery's wooden coffin.
Even when we're all ears
We can't hear
The zombies' hammer-blows
On the coffin of poverty.

It's a set-up by others!
Paint vevers,
AIDS is all around.

Erase it and you'll see
Yo-yo's a game others play.
Condemn us; we're the small fry
What have we done?
Our brothers are digging up the earth
To bury us alive.

Zombified a bit so we can see
The chunk of light
A crumb of hope makes.
Hatching despots at the cliff-edge,
White men create a black calvary,
Our hands on our jaws
Because of the dictators.

Tops is a game others made.
A plateau of affairs
Winnows the Spanish moss.
The thieves are not punished.

Mare très limyè,
Pou klere demen.
Kenbe kòd banyè
Nan jaden lalwa,
Kalonnen lanfè
Jebede nan fèy
Konplo mwèl kalbas
Kèk nèg, timounn
Zòt kale
Grefe ti boujon
Konesans, viktwa
Pou klere demen.

Tie braids of light
To make tomorrow glow.
Hold the rope of the banner
In the garden of the law.
Stone hell
Foolish writing in the papers
Conspiracy in the marrow of the calabash
And on those kids
Others are beating
Graft those tiny buds
Of knowledge, to make
Tomorrow glow with victory.

ESPWA DENMEN

Dèyè legliz sen Jera,
ti moun fè bann.
Anba pyebwa
nan gwo lakou
y'ap kouri fè lago
y'ap kouri fè sòlda mawon.
Ti fi ak ti gason ap sote kòd.
Lèzanmore ap koze
kase ti bwa lan zòrèy.
Yo tout ansanm
"Espwa denmen"

Sa k'ap jwe mab
sa k'ap jwe boul
sa k'ap monte kap
sa k'ap jwe marèl
sa k'ap fè wonn
ak sa ki sou bekàn.
Lè mwen wè sa,
kè mwen kontan
Yo tout ansanm
"Yon sèl pitit"

Sa k'ap fè kachkach liben sere liben
sa k'ap jwe pench
sa k'ap jwe oslè
sa k'ap jwe kay
sa k'ap fè twa fwa pase la
ak sa k'ap fè gran dizè
Lè mwen wè sa,
kè-m soulaje
Yo tout ansanm
"Yon sèl manman"

TOMORROW'S HOPE

Behind the Church of St. Gerald
kids gather.
Under the tree
in the open yard
they play tag
they play kick-the-can.
Girls and boys jump rope.
Little lovers saying sweet-things
in each others' ear.
All together they're
"Tomorrow's hope"

Who play marbles
play ball
build kites
play hopscotch
and ring-around-a-rosey
and ride their bikes.
When I see that,
I've a happy heart.
All together they're
"a single child"

Who play: You hide I seek
who play with stones
who play jacks
who play house
who go three times past there
with those who are on 10 o'clock recess.
When I see that
my heart's at ease.
All together they're from
"A single mother"

Pa gen nwa
pa gen wouj
ni pi bèl
ni pi lèd

pa gen rich
pa gen pòv
san diferans
yo tout ap viv
Yo tout ansanm
"Yo se inosan"

Sa se malonèt sa
lè on paran
fè yo konprann
YOUN PLIS PASE LÒT
Yo tout ansanm
"Vin enkonsyan"

Tande-m
tande-m
Ti moun mwen yo
Se pa ditou on verite
se pou nou toujou
MACHE TÈT ANSANM

Tande-m
tande-m
Zanfan peyi-m
Se mwen k'ap di-n laverite
Sèl fason pou nou gen on peyi
KOLE TÈT ANSANM

Pînga nou janm bliye
pwovèb sa-a ki di:
"Bouch granmoun santi, men
pawòl li pa manti"

There is no Black
There is no Red
or who's prettiest
or who's ugliest

there's no rich
no poor.
Without distinction
they're all just alive.
All together
"They're innocents"

What's really disgraceful is
when a parent
makes them think
ONE IS BETTER THAN THE OTHER.
All together they
"Lose their conscience"

Listen to me
listen to me
My children,
You've been taught wrong.
We've always got to
MARCH SHOULDER-TO-SHOULDER.

Listen to me
listen to me
Children of my land
I'm telling you the truth:
The only way for us to have a country is
TO STICK TOGETHER

Don't ever forget
the proverb that says:
"The breath of an old person may smell bad
but his words don't lie"

PRENTAN

Apwe midi prentan, bèl syèl, bèl solèy.
Lonbway lonng, moun ap pwonmennen.
Lè w-leve je-w,
dèyè nwaj yo,
syèl la ble koulè digo.
Machann kenkay, motosiklis,
ata dwògadik ap chofe solèy
sou totwa *Lenox* avni.

Pase lopital *Harlem*,
tout kay kraze, kalboso, san fenèt
ap fè twalèt nan yon gwo ma solèy.
E pandan klòch legliz sen *Fransis*
ap sonnen senkè,
la sou twotwa-a, yon fanm kwoupi.
Pa gran gòje, vàn bouch li louvri,
li vomi san, li vomi fyèl.

Epi san moun pa wè, prentan-an rale kò-l.
Kouch penti ble nan syèl la dekale.
Harlem te mare maleng li ak yon tòchon solèy
plen trou, plen kras, plen tach san.

Chanjman sezon pa chanje anyen.
Pandan m'ap gade solèy ak lalin
kòtakòt nan syèl midi,
anbilans jete yon malad sou laplas.
Tankou poul ki gen lapipi,
li bat, li bat nan solèy la.
(Sa va pran-l yon ti tan anvan l'mouri.)

Pandan m'ap gade yon solèy, de solèy, dis solèy
nan syèl, nan vit lopital *Harlem*,
je avegle-m, sans afebli-m

202

SPRING

A spring afternoon, a lovely sky, bright sunshine.
The long shadows of people strolling.
When I look up,
behind the cloud,
a sky of blue indigo.
Odds & ends, vendors, bikers—
the sun's warming even the druggies
on the Lenox Avenue sidewalk.

Past Harlem Hospital
smashed-up, battered and windowless buildings
all are washing themselves in a big puddle of sunlight.
And while the St. Francis churchbell
gongs 5 o'clock,
a young woman, mouth gaping,
crouches on the sidewalk;
she vomits blood, she vomits bile.

Then, without anyone noticing, spring drags itself off.
The layer of blue paint is peeling from the sky.
Harlem has tied its infected sores with a rag of sunlight
full of holes, filth and bloodstains.

Changes of season don't change anything.
While I'm looking up at the sun and the moon
side by side in the afternoon sky,
an ambulance is dumping a patient on the street.
Like a sick chicken
she's twitching and fluttering in the sun
(It'll take some time before she dies).

While I'm looking up at one, two, ten suns
reflected in the Harlem Hospital windows
my blinded eyes, my weakened senses

pa wè, pa tande, pa santi
moun k'ap goumen nan fènwa prizon
vant vid, toutouni, anba kou
Pou yon ti moso zetwal, yon ti moso jistis.

don't see don't hear don't feel
the people struggling in the steel dark prison
–bellies empty, naked and under drubbing–
for a piece of the star, a bit of justice.

TÈ GLISE

Mwen m'te leve nan gwo kay fetay koule.
Jan m'te konn galope nan pye bwa!
Jan m'te konn vòltije, pye blanch, nan savann!
Jan m'te konn kabicha nan lonbway solèy midi!

Mwen k'te leve nan gwo kay fetay koule
m'ap kabicha alèkile
nan potaflè yon ti chanm gason

Peyi d'Ayiti tou piti
yon grenn sab blayi nan galèt
Kite lanm lanmè-a pote-l

Mwen li nan liv
si anyen pa chanje
peyi d'Ayiti anvan lan de mil
va tounen yon gwo wòch
pou lanm lanmè bat

Deja, anba zesèl mòn lasèl
kòmanse kaye sèl.
Tèt kale, tè-a griyen dan-l
tankou malzo sou do
milèt san mèt.
Po djòl larivyè vin sèk jouk li fann,
sechrès fin bwè tout rezèv dlo lakansyèl

Depi lò, n'ap pwomennen.
Entèl pran lanmè san li pa janm rive
Gen ki janbe fontyè, manchèt yo nan men yo
Dòt pati an touris al plante flè
nan pa pòt otèl *Sheraton Miami*

Nou fè tou sezon yo
yon fwa, de fwa, dis fwa,
timoun ak granmoun

SLIPPERY GROUND

I grew up in a big house with leaky rafters.
How I'd bound, feet all dusty, across the savannah
And nap in the shade of the noonday sun!

I who was raised in a large house with leaky rafters
wilt nowadays
in the flower-pot of a bachelor's pad.

The land of Haiti is all so small
a grain of sand spread out along the riverbed ...
Let the sea-waves carry it along!

I read in a book
if nothing changes
before the year 2000 Haiti
will turn into a huge rock
for the sea-waves to beat against.

Already salt is forming
under the armpit of Morne La Selle.
Barren, the skull of the earth
like the gaping wound on the back
of an old mule given up for dead.
The lips of the river-mouth dry up till they crack;
drought's drunk all the reserve water from the rainbow.

Since then, we've been drifting.
Some take to the sea without ever arriving,
some cross the border, machetes in hand,
others leave on tourist visas to plant flowers
near the entrance to the Miami Sheraton.

We travel around the seasons
once, twice, ten times,
children and grown-ups

zannimo kon pyebwa.
Nou retounen depatcha
men vid, andetrès

Se pa madichon si lapli pa tonbe
Boukan, sechrès, do mòn yo toutouni
Blenn blen denng! anmwe! timoun ap mouri
Lavalas, senyen, venn peyi-a louvri.
Men kanmenm, mouri bwa kwaze nou di non
Mouri pou mouri, n'ap mouri nan goumen
Gen jan pou regle sa.

animals as well as trees
We return defeated,
empty-handed, in distress.

It's no curse if the rain doesn't fall:
Bonfires, drought, the mountains' naked backs—
I cry for help. Enough! The children dying,
Flood, blood, open veins of the country.
And yet we say No to dying sitting on our hands;
If die we must, we'll die in struggle.
There's no other way to settle it.

OTOZÒBÒP

Lè machin nan rete
Pou mennen m'ale
M'wè de silwèt
Chita nan plas devan
Anba lanp sou totwa-a
Nan mitan on fènwa
M'antre eskòte ak de etranje:
On fanm blanch k'ap kache
Ak on nèg chokola
M'byen kwè yo marye.

Pandan m'ap admire jwèt limyè sou cheve-l
Fanm-nan mete-m chita
Mari-l ret nan fènwa
M'pa janm wè figi-l.
Yo pran plas bò kote-m.
Mamzèl montre-m cheve-l
Pou l'eseye kache-m
Jan malgre lèzane figi-l pa janm chanje.

Se lè sa-a m'vin konprann
Se pa kretyen vivan
Se on mò k'pa kontan
Maladi fè l'mouri
Anvan l'gen tan fin jwi
Mari-l al ka bòkò
Men kounye-a yo vini
Pou yo vòlè bonanj-mwen
Pou yo mennen-l byen lwen
Pou kite kò-m san nanm
Jis madanm anime-l.
Foure nanm li nan kò-m pou l'ka viv ak mari-l

AUTOZOBOP

When the car stopped
To carry me away
I saw two silhouettes
Sitting in the front-seat
Under a streetlamp
In the middle of a darkness
I entered escorted by two strangers:
A white woman who was hiding,
And a chocolate guy,–
I think they were married.

While I admired the play of light on her hair
The woman sat me down,
Her husband still in darkness,
I never saw his face.
They sat right next to me
She showing me her hair
And trying to hide from me
How, in spite of the years, her face had never changed...

That's when I understood
She's really not alive,
She's dead and unhappy,
Sickness finished her off
Before she could enjoy;
Her husband took to sorcery
And here they both are now
Taking my soul away
Carrying it far away
And leaving my body soulless
Until she slips inside,
Her soul filling my flesh–
Then she can live with her guy.

Se lè sa-a mwen sonje nan peyi etranje
Ti cheri-m nan te di m'afè nèg anraje
Lwa savann ki ret tann lapè monte
Nan san moun yo pral manje
Anvan san-an koule lapè fè l'fèmante
Li fè dyab yo soule
Men moun nan pa pwoteje.
Dyab ka pran-l an 6-4-2.

Mwen konn sa, m'oblije
Chanje lapè-m an volonte
Pou san-m pa montre kote pou yo antre
Pou kè-m pa twonpe-m, pou mwen ka reziste:

Se ti bouji nou ye, ti solèy k'ap kontre
Ti flanm toujou klere
Savann limyè dife
Ki fè dyab-yo bwaze
Yo kòmanse gouye:
"Dife sa-a ap boule-m!
Mon ami an n'ale
Men kafou nou rive"
Yo oblije desann
Se konsa m'vin sove
Dyab pa ka sipòte chalè lanmou ak kè poze.

Just then I remembered in a foreign land
My sweetheart told me of those enraged spirits
Spirits of the field who wait for fear to rise
In the blood of those they seize to suck;
Before the blood flows, fear makes it ferment,
It makes the demons drunk
But leaves the victim helpless
And as easy to take as 1-2-3.

I know that I must
Change my fear into willpower
So my blood doesn't show them a way to enter
So my heart doesn't betray me, so I can resist:

      We're little candles, little suns meeting,
      Little flames always glowing,
      Fire-lights of the field
      Who stop the devils cold.
They both begin to squirm:
"This fire's burning me!
My dear, let's get away.
Here's our crossroad, we're home."
With this, they hurry out
And that's how I was saved:
Demons can't stand the heat of love and clarity.

NOU PASE KAY ETRANJE

Nou pase kay etranje
Nou jwenn pitit nou
Ap bale papòt

Nou chita nan salon etranje
Nou wè tablo nou
Kwoke sou mi
Nou tande mizik nou ap sot nan gagann yo

N'antre nan kizin etranje
Nou jwenn toutrèl nou
Ap kuit nan chodyè yo

Yo ta chode toutrèl lavi-n
Yo ta toufe zwezo bèlte-n

Men gen moun ki pase
Chodyè-a dekouvri
Toutrèl vole l'ale
Sou dife-a l' kite
On chodyè vid k'ap boule.

WE PASS THROUGH
A FOREIGNER'S HOUSE

We go up a foreigner's steps
And find our children
Sweeping his floor

We pass through a foreigner's house
And find our paintings
On his wall
We hear our music coming from his gullet

We enter a foreigner's kitchen
And find our dove
In his cooking pot

He's trying to cook our bird alive
He's trying to smother our wild dove

Someone's lifting the lid
The dove's escaping
Leaving on the fire
An empty pot
That's burning.

MADAM LA PREZIDANT

Ou ta ka jwe jwèt fanm nan nètalkole
Piske ou tou deja la:
Pou fèt mwen m'ta renmen
Tout peyi-a
Kouvri ak rivyè k'ap kouri vèt
Kòtakòt ak kannal ble syèl.

Pou fèt mwen m'ta renmen
Tout peyi-a
Kouvri ak zèb tout koulè
Ka kenbe tè pou pyebwa vin dèyè.
Moulen van
Kilowat solèy...

Ou ta ka di: nan tan lontan
Anvan tan grann
Pyebwa te fè kenken
Ravin yo te plen
Rivyè yo te gwòs ak moso lò solèy
Se la Endyen te konn benyen
Se la Afriken k'ap mawon
Te fè lalad pou yo bwè dlo
Kounye-a adye, sa ki rete
Sa ki rete...
On klis dlo glise
Nan mitan wòch blan galèt lantèman.

Pou fèt mwen m'ta renmen
Tout peyi-a
Kouvri ak rivyè k'rekonmanse chante
Pou tout wout dlo ap rezonnen
Ak rèl timoun k'ap benyen

MADAM PRESIDENT

You could play that woman thing all the way

Since you're already there:
For my birthday
I want the whole country
Covered with rivers running green
Alongside canals of blue sky.

For my birthday I want
The whole country
Covered with grass of all colors
Holding the soil so trees can come back.
And windmills
And the sun's kilowatts...

You could say: Long ago
Before grandma's time
Trees were plentiful,
Ravines were full,
Rivers were pregnant with nuggets of the sun;
There Indians used to bathe,
Africans took breaks in their flight
To drink from the water.
Now, what a shame, all that's left
All that's left...
A sliver of water sliding
Over a funeral procession of white river-bed stones.

For my birthday I want
The whole country
Covered with rivers that are singing again
So that all the waterways resound
With the shouts of children bathing.

E sa ou di bèl madanm?
On "Porshe" nèf
On nouvo dyaman
On pi gwo bato
On lòt pè zèl
Pou vòlè lakansyèl
On annui etènèl
Anba on syèl blan, mòtèl.

And what do you say, pretty lady?

A brand new Porsche,
A new diamond,
A bigger yacht,
Another pair of wings
To steal the rainbow,
Eternal boredom
Under a burning white sky.

KONBIT

M'ta renmen fè yon konbit
Yon konbit pou nou tout ale.
Yon konbit nou tout t'ap tann
Yon konbit nou tout bezwen.
Nan konbit sila
Nou pa bezwen wou ak pikwa
Manchèt ak kouto
Nou pa bezwen pote rechanj ak chapo
Tafya ak bwason.
Men, vini.
Vini ak pòtre Jezikri, Boliva, Tousen
Ak Mati, Desalin ak Che.
Paske nan konbit sila se pou fini
Fini, ak travay LIBERASYON an
LIBERASYON san kondisyon
Ou te mèt blan tankou nèg
Fanm tankou gason
Kit ou te soti nan Nò kou nan Sid
Nan Lès kou nan Lwès
Pa gen kondisyon
Depi gen renmen ak volonte
Travay sa-a se pou li fin fèt.
Konbit pou konbit
Nou pral fè yon konbit,
M'ta renmen pou nou tout ale.

COUMBITE

I'd love to make a coumbite,
a collective all of us can go to.
A coumbite we've all waited for
A coumbite we all need.
In this collective
We won't need hoes or pickaxes
machetes or knives.
We won't need extra clothes or hats
tafia or beverages.
So, come on,
come with portraits of Jesus Christ, Bolívar, Toussaint
and Martí, Dessalines and Ché.
Because in this coumbite we're going to finish,
finish the task of LIBERATION,
LIBERATION without conditions.
Whether you're white or black
Woman or man,
Whether you're from the North or from the South
from the East or from the West,
there'll be no restriction.
As long as there's love and will
this work must be accomplished.
Coumbite by coumbite.
We're going to create a collective
I'd love for all of us to go to.

KOUMAN?

Kouman yon nonm viv
kouman yon fanm viv
kouman zwazo vole
kouman cheval galope
kouman timoun kriye
kouman powèt santi
kouman etidyan etidye
kouman lanati mache
kouman yon nonm viv
kouman yon fanm viv
lè peyi yo okipe an zanmi?

Kouman yon moun ka viv
sou yon tè lanmè frèt
lwen tout kretyen-vivan
bò kot wobo anvi san vi?
Kouman ti jèn jan ti jèn fi
plen lespwa nan lavni vin
pwodui fo mamit po radyo
kawotchou sak fatra pope wa
nan faktori kepi nan *Brooklyn?*

Kouman bòs Pyè temerè
pèdi nanm li ak dan-l
nan manje *sushi* ki mal kwit
nan restoran japonè vennkat trè?
Kouman zwazo vole an plennè
lè nich li sakrifye sou bò-de-mè?
Kouman Janèt souri nan travay
a midi ka boujwa malapri
k'ape kaka sou li nan malvi?

HOW?

How does a man live
how does a woman live
how does a bird fly
how does a horse gallop
how do children weep
how do poets feel
how do students study
how does nature work
how does a young man
or a young woman live
when their native land
is under friendly occupation?

How can a person live
on a freezing sea soil
far from all human touch
alongside happily lifeless
and emotionless robots?
How could young men and women
full of hope in the future
produce fake tin-cans
rubber trash bags and dolls of kings
in a military cap factory in Brooklyn?

How did brave boss Peter
lose his soul and his teeth
eating badly seasoned sushi
in after-hours Japanese restaurants?
How could the bird fly in open space
when its nest is violated by pollutants?
How can Janet smile at work
on the noon shift at the crude place of a bourgie
who's shitting on her lost dignity?

Kouman yon moun ka viv san peche
kan pye bwa tounen raje dezè malè
lè laplenn vin ravin marekaj dizèt
lè zoranj ak mango ak diri vin plante
nan jaden botanik *yuppie* Senkyèm Avni?
Kouman van vante nan laboratwa CDC
nan machin elektronik ki desoule lavi?
Kouman emosyon santiman n ret anvi
lè marin okipe peyi-n ak bèl min?

How can a person live without sin
when the trees turn into a desert of hell
when plains become ravines of misfortune
while oranges and mangoes and rice are grown
in Fifth Avenue yuppies' botanical gardens?
How does life flow and the wind blow
in CDC* labs infected by their own disease
and in life-suppressing computerized machines?
How can our emotions and feelings stay alive
when our land is occupied by smiling marines?

*CDC: the Center for Disease Control

ALE LA

Ale la, kote ou wè kè ou
Ap mennen-w pou l'pa tounen
Yon dezè ki seche ak lapenn
Pi mal pase yon po tanbou.
Ale la, menmlè ou dekouraje,
Menmlè ou fin tounen yon ti sale
Nan yon festen grannèg;
Fòk ou ale la, chè frè m'yo ak sè m'yo,
Kote moun k'ap soufwi
Pa t'janm tande bonjou,
Kote k'pa gen limyè
Pou klere jou lespwa.
Ale la, pou w-bay chalè lanmou,
Pou fè kè moun kontan nan lavi,
Pou w-defye lenjistis ak lemal
Y'ap fè pòv malere sou latè sibi
Kòmkwa yo pa t'gendwa pou yo la,
La nan zafè bonè esplandè lavi.
Fòk ou ale la, rete la, vin jwenn nou
Sèlman pou yon ti souri bouch ou;
Fòk nou la, O sè m'yo ak frè m'yo!
Kote nou ka ansanm san okenn malfezans
Pou nou plante mayi zoranj ak lamitye
Pou nou tout sou latè ki bezwen w-alemye.

GO THERE

Go there where you see your heart
Leading you keeping you from changing
Into a dry desert of sorrow
worse than the skin of a drum.
Go there even when you're discouraged
When you end up as salt meat
In banquets for bigwigs.
You have to go there, my brothers and sisters,
Where the people suffering
Never hear "Good Morning"
Where there's no light
To enliven a day with hope.
Go there and bring the warmth of your love along
To make the people's heart happy
To defy injustice and evil
Endured by the wretched of the earth
As if they had no right to be there,
There in the morning splendor of being alive.
You have to go there, live there, join us
If only with the little smiles of your mouths
O my sisters and brothers, we have to be there
Where together, without any dirty tricks,
We can grow corn, oranges and friendship
For all of us on earth so in need of transformation.

BIOGRAPHIES

by MAX MANIGAT

AKAO, Alexander / Aleksann Akao
The author of the excellent resistance poem, "Zombies Arise!", remains a mystery within the Haitian diaspora. The poem appeared in the important cultural journal, *Idées*, in 1980, but nothing of the poet has appeared since, and the feeling is that his name may be a pseudonym.

BARON, Suze / Siz Bawon
Suze Baron came to New York in 1955. She is a registered nurse and lives in New York with her family.

BATISTA FELIX, Hilario / Ilaryo Batista Feliks
Born in Cuba of Haitian parents, he is the President of the Association of Cuban-Haitians and has written extensively in Creole.

BATRAVILLE, Dominique / Dominik Batravil
Born in Arcahaie in 1962, he published his first book of poetry at 16. *Boulpik* (1978) is made up of poems in French and Creole. His second book in Creole is *Papye kreyol* (1990).

BOADIBA (pseudonym)
Born in Haiti, she lives at present in the Bay Area of California. The co-translator of this anthology is a poet in both Creole and English and has published her own poems, as well as her translations, in such publications as *Left Curve, The Haiti Progress, Compages, Conch, Boumba, Split Shift,* and *Collision*.

CASTERA, Georges / Jòj Kastra
Born in Port-au-Prince in 1936, Georges Castera spent many years in exile and returned to Haiti after the fall of the Duvalier dictatorship. He has been a collaborator on such literary reviews as: *Optique, Nouvelle Optique,* and *Conjonctions,* and is a founding member of *Chemins Critiques*. He has published many books of poetry in both French and in Creole. Among his Creole publications are: *Klou gagit* (1965); *Panzou* (1970); *Bwa Mitan* (1970); *Konbèlann* (1976); *Jak Roumen* (1977); *Bisuit leta* (1978); *Gate priyè* (1990); *Awòdpòte* (1993); *Rèl* (1995).

CAVÉ, Syto / Sito Kave
Born in Haiti in 1944, Syto Cavé lived many years in the United States, where he was very active and well known in Haitian cultural circles before returning to Haiti. Poet, playwright, actor, director and co-founder of *Troupe Kouidor,* he is the author of plays in Creole such as *Kavalye polka* and *Bra koupe,* and many songs like *"Mwen soti Pòs Machan."*

CÉLESTIN-MÉGIE, Emile / Emil Selesten-Meji; pseudonym: Togiram
Born in 1922, Emile Célestin-Mégie is a pioneer in the struggle for the recognition of Creole as the main Haitian language. He is a founding member of *Sosyete Koukouy* and one of the permanent members of its board of directors. Publisher of *Le Petit Marigotien* (1938-1939); *Espiral* (1960-1966); *and Gindòl* (1971-1985), he is a poet, playwright and novelist. Writings: *Lanmou pa gen baryè,* 3 vols; poems and plays.

DANIEL, Gary / Gari Danyèl
Born in Cap-Haïtien in 1958, Gary Daniel has studied chemistry and works in the environmental field, and he has a Masters in Business Administration from Phoenix University. He is the founder of *Sosyete Koukouy* in Tampa Bay (1998). He has published *Kamizòl nan peyi Gobolyen* (1993) and *Tripotay* (1997).

DEDE, Jean Dorcely / Jan Dòseli Dede
Born in Plaine du Cul-de-Sac in 1941, Jean Dorcely Dede is a painter, actor, poet, and the vice-president of *Sosyete Koukouy* (Miami).

DENIS, Jean-Marie Willer / Jan-Mari Wilè Deni; pseudonym: Jan Mapou.
Jan Mapou was born in Les Cayes in 1941. Co-founder of *Mouvman kreyòl* in 1965, he was arrested in 1969 and spent time in jail for his writings. In 1972, he migrated to the USA, where he lived in New York before moving to Miami. In New York, he founded *Sosyete Koukouy* on November 14,1979, and in Miami he founded *Sosyete Koukouy* of Miami in 1986. Poet, actor, director, playwright, publisher, Jan Mapou is the *poto mitan* of the Creole movement abroad. He has published *Bajou kase,* poetry (1974) and *Pwezigram,* poetry (1981); *Tatalolo,* play (1983); *Lanmò Jozafa,* play (1983); *Mariaj daso,* play (1989); *DPM Kantè,* play/ video (1994); and written more than one thousand newspapers articles in Creole.

DÉSIRÉ, Jean R. / Janjan R. Dezire
Jean R. Désiré was born in Port-au-Prince in 1959. He moved to Miami in 1986 and joined *Sosyete Koukouy* in its endeavor to promote Haitian culture. In 1988, he released a record of poetry with a musical background: *Powèm pou youn Ayiti tou nèf,* followed by a book with the same title in 1994. He is also a member of S.E.D.R.A. (Center for Information, Documentation, and Research on Haiti).

ETIENNE, Frank / Frank Etyèn; pseudonym: Frankétienne
Poet, playwright and artist born in 1936, Frank Etienne has devoted most of his life to education as a professor of mathematics and literature. He has written novels and poetry in French and in Creole. His novel *Dèzafi* (1975), was regarded as a landmark in Haitian Creole literature. Later another novel was published: *Adjanoumelezo* (1987). His plays *Twofoban* (1978); *Pèlen tèt* (1978); *Bobomasouri* (1984); *Kaselezo* (1985); *Tolomannwèl* (1986); *Minwi mwen senk* (1987); *Kalibofobo* (1987) make him the leading playwright in Haiti. With Jean-Claude Fignolé and René Philoctète, he is the co-founder of the literary school: Sprialisme.

EUGENE, Emmanuel / Emanyèl Ejèn; pseudonym: Manno Ejèn
Emmanuel Eugene returned to Haiti after 1986. A member of the editorial staff of the Creole weekly *Libète,* he is the author of *Eziltik.*

FOUCHÉ, Frank / Frank Fouché (1915-1978)
Born in Saint-Marc, he died in Montreal, Canada. A poet and playwright in French and Creole as well as a teacher and essayist, he made Creole adaptations of *Oedipe-Roi,* and Frederico Garcia Lorca's *Yerma* (1955/1956); he wrote *Trou de Dieu* and *Bouqui au paradis* (1968); and *Général Baron-la-Croix* (1974). His collections of poetry include: *Les lambis de la Sierra* (1960) translated into Spanish by Nicolas Guillén, and into Russian; *and Lakansyèl pou mache nan fè nwa* in Creole (unpublished). *Vodou et théâtre* (1976) is his collection of essays. He visited Cuba after the Cuban Revolution, the USSR, and the People's Republic of China.

GUIGNARD, Mercedès F. / Mèsedès F. Giya; pseudonym: Deita
Born in 1935, Mercedès F. Guignard is one of the few Haitian women to have published both poetry and prose in Creole. She lived many years in the United States, where she was very active in literary circles, and returned to Haiti after the fall of the Duvalier dictatorship. She has spent her life dealing with written words in one way or another—as a librarian, a playwright, a director, a poet, a journalist, a publisher, a novelist, an author of folk tales, and a lecturer. She is an authority on Haitian voodoo and folklore. Among her publications are *Majodyòl,* poems (1981); *Nanchon,* play; *Esperans Dezire,* novel (1989); and *Kont nan jaden peyi Ti Toma,* folk tales (1991).

HYPPOLITE, Michel-Ange / Mikèlanj Ipolit; pseudonym: Kaptenn Koukouwouj.
Born in Haiti, Michel-Ange Hyppolite studied biology and has published *Anba-Lakay (pwezi kreyòl),* (1984); *Atlas/Leksik zo moun* (1989), *and Zile nou (pwezi),* (1995) and is co-founder of *Sosyete Koukouy* / Canada and *Bilten Koukouy.*

INNOCENT, Claude / Klod Inosan
Claude Innocent is one of the most renowned Haitian poets writing in Creole. His works have been published in several anthologies and magazines. Among them are: *Kalinda-a la pou bat* and *Lavi vye nèg.*

LAPIERRE, Bob / Bob Lapyè
Bob Lapierre is a graduate of Theatre and Language Arts (MFA) and a poet. He is an actor who has also written for the theatre, and has published poetry books and plays in both English and Creole.

LARAQUE, Paul / Pòl Larak
Born in Jérémie in 1920, Paul Laraque published his first poems, in both French and Creole, under the pseudonym Jacques Lenoir, in *Optique* (1954-1956). He has lived in the United States since 1961. He was deprived of his Haitian citizenship from 1964 to 1986. He won the Casas de las Americas Poetry Prize in French in 1979 and was Secretary General of the Association of Haitian Writers Abroad from 1979-1986. His works in Creole are: *Fistibal* (1974); *Sòlda mawon / soldat marron* (1987) translated into French by Jean F. Brierre; *and Fistibal / Slingshot* (1989), translated into English by Jack Hirschman.

LARGE, Josaphat Robert / Jozafa Wobè Laj
Josaphat Robert Large was born in Jérémie in 1942. Poet, novelist and actor, he is one of the founders of *Troupe Kouido* and a member of *Sosyete Koukouy*. He has published both in Creole and in French. His most recent book of poetry in Creole is *Pè Sèt* (1994).

LAUTURE, Denizé / Denize Lotu
Denizé Lauture was born in La Montagne de Jacmel in 1946. He is the author of two poetry books, one in English, *When the Denizen Weeps,* the other in Creole, *Boula pou yon metmòfòz zèklè nan peyi-a.* He has published two books for children: *Father and Son* and *Running the Road to ABC* (1996). A poet and short story author, he writes in Creole, English and French.

MANIGAT, Max / Maks Maniga
Born in Cap-Haïtien in 1931, Max Manigat began very early to translate from French to Creole and is one of the first of his generation to advocate making Creole the official language of Haiti. He has taught Creole at City College of New York for more than twenty years and has written and published many poems in Creole in different magazines. He is the president of the New York chapter of *Sosyete Koukouy.*

MARTINEAU, Jean-Claude / Jan-Klod Matino; pseudonym: Koralen
One of the most prolific poets in Haitian Creole, Jean Claude Matineau is also an actor, playwright and song writer. We owe him: *"Djouman," "Flè dizè"* and several other poems.

MEDARD, Bobby / Bobi Meda; pseudonym: Rassoul Labuchin
Bobby Medard was born in Port-au-Prince in 1939. In 1962, he founded the *Mouvman Teyatral Ouvriye*. Poet, actor, director, and film-maker, he has published in both French and Creole. Among his poetry books in Creole we have *Trois colliers maldioc* (1962) and *Compère* (1964).

MIRVILLE, Ernst / Ens Mivil; pseudonym: Pyè Banbou
Ernst Mirville was born in Port-au-Prince in 1940 and has studied medicine, anthropology and theater. He was a founding member of *Mouvman kreyòl* in 1966. Accused of being involved in politics, the members of that movement were arrested in April 1969. Pyè Banbou spent five months in jail. A linguist and a poet, he has published *Tim-Tim* (1973); *and Deviz* (1974).

MORISSEAU-LEROY, Felix / Feliks Moriso-Lewa
Felix Morisseau-Leroy, regarded as the leading poet in Haitian Creole, was born in Grand-Gosier in 1913. He started his literary career by writing in French. In 1951, his first book of poetry in Creole, *Diacoute,* became a best-seller and helped introduce many Haitians to the beauty of their national language. He has also written plays in Creole with themes borrowed from classical Greece, such as *Antigone* and *Roi Créon,* to show that Haitian Creole can serve as a medium for any subject or any genre. *Diacoute* was followed by *Diacoute 2, Dyacout 1, 2, 3, Jaden Kreyòl, Vilbonè, and Dyakout 1, 2, 3, 4*. He died on September 5, 1998.

MULLER, Rudolph / Woudòf Milè
Born in Port-au-Prince in 1950, Rudolph Muller won the coveted *Prix Littéraire Paulette Deschamps Frisch* in 1977 for his bilingual poetry book *Paròl anpil / Paroles en pile.* In 1979, he published *Zinglin,* his second book of poems in Creole.

NARCISSE, Pierre-Richard / Pyè-Richa Nasis
A contemporary of Rudolph Muller, he is regarded, like the latter, as a poet who is working towards the renewal of Haitian Creole poetry. His poetry books *Dèy ak lespoua* (1979) and *Depale* (1980) have been welcomed by the critics with considerable warmth.

PAUL, Cauvin L. / Koven L. Pòl
Poet, novelist, literary critic, radio talk host, Cauvin L. Paul writes in both Creole and French.

PHILOCTETE, René / Rene Filoktèt (1932-1995)
René Philoctete, one of the most gifted Haitian poets of his generation, was born in 1932. He has devoted his entire life to his career as a professor and to literature. Also a novelist and a playwright, he has published extensively, mainly in French.

RÉSIL, Carlo / Kalo Rezil
Poet Cario Résil lives in Canada.

SAINT-NATUS, Clotaire / Klotè Sen-Natis
Clotaire Saint-Natus is the author of the collection of poems *Natif natal.*

SCOTT, Jacqueline / Jaklin Skòt
One of the first educated Haitian women to write in Creole, Jacqueline Scott has been living in Africa for the past thirty years with her husband, actor and poet Lucien Lemoine.

SIMIDOR, Daniel / Danyèl Simidò (pseudonym)
Daniel Simidor is a poet of struggle and exile whose work began appearing in several Haitian and campus-based publications in the early 1980s. In 1984, he abandoned French, the language of his early writings, in order to sharpen his skills in his native Creole. *Ayibobo!,* a selection of his poems in both languages, was compiled in 1985 but was never published. Today, he works as a community organizer and political analyst and, in his private life, as an archivist and translator.

SURPRICE, Lenous / Lenous Sipris; (pseudonym: Nounous)
Born in Fonds-des-Blancs in 1976, Lenous Surprice has been living in Montreal since 1976 and has published French and Creole poems in several newspapers and magazines. He is the author of four books of poetry, three in French and one in Creole: *Bwamitan* (1993).

SYLVAIN, Patrick / Patrik Silven
Patrick Sylvain was born in Port-au-Prince and emigrated to the USA in 1981. Poet and video photographer, he has published poems in several magazines and is the founder of the Haitian American Writers Collective. His collection of Creole poems, *Zanset,* was published in Canada in 1994.

TONTONGI (pseudonym)
The editor of the important journal *Tanbou/Tambour*, Tontongi lives in the Boston area, where he writes in Creole, French and English.

TROUILLOT, Lyonel / Lyonèl Twouyo
Poet and novelist living in Port-au-Prince, Lyonel Trouillot is very active in literary circles and writes in both Creole and French.

WAINWRIGHT, Kiki / Kiki Wennrayt
Frantz Wainwright, currently known as Kiki Wainwright, was born in Port-au-Prince in 1937. His debut in show business was in 1958 as a dancer. He started to perform as a singer in New York in 1970. He released his first album *Tap Tap* in 1979, and *Rozo* in 1986. A poet, he has published in both French and Creole. *Pikliz* (1988) and *Zepn file* (1994) are among his books of poetry in Creole. He is a member of *Sosyete Koukouy* and the founder and leader of *Ayabombe*, a musical band which performs mostly Haitian grassroots music.

CURBSTONE PRESS, INC.

is a non-profit publishing house dedicated to literature that reflects a commitment to social change, with an emphasis on contemporary writing from Latino, Latin American and Vietnamese cultures. Curbstone presents writers who give voice to the unheard in a language that goes beyond denunciation to celebrate, honor and teach. Curbstone builds bridges between its writers and the public – from inner-city to rural areas, colleges to community centers, children to adults. Curbstone seeks out the highest aesthetic expression of the dedication to human rights and intercultural understanding: poetry, testimonies, novels, stories, and children's books.

This mission requires more than just producing books. It requires ensuring that as many people as possible learn about these books and read them. To achieve this, a large portion of Curbstone's schedule is dedicated to arranging tours and programs for its authors, working with public school and university teachers to enrich curricula, reaching out to underserved audiences by donating books and conducting readings and community programs, and promoting discussion in the media. It is only through these combined efforts that literature can truly make a difference.

Curbstone Press, like all non-profit presses, depends on the support of individuals, foundations, and government agencies to bring you, the reader, works of literary merit and social significance which might not find a place in profit-driven publishing channels, and to bring the authors and their books into communities across the country. Our sincere thanks to the many individuals, foundations, and government agencies who support this endeavor: J. Walton Bissell Foundation, Connecticut Commission on the Arts, Connecticut Humanities Council, Daphne Seybolt Culpeper Foundation, Fisher Foundation, Greater Hartford Arts Council, Hartford Courant Foundation, J. M. Kaplan Fund, John D. and Catherine T. MacArthur Foundation, National Endowment for the Arts, the Soros Foundation's Open Society Institute, Puffin Foundation, and the Woodrow Wilson National Fellowship Foundation.

Please help to support Curbstone's efforts to present the diverse voices and views that make our culture richer. Tax-deductible donations can be made by check or credit card to:
Curbstone Press, 321 Jackson Street, Willimantic, CT 06226
phone: (860) 423-5110   fax: (860) 423-9242
www.curbstone.org

IF YOU WOULD LIKE TO BE A MAJOR SPONSOR OF A
CURBSTONE BOOK, PLEASE CONTACT US.